轻与重
FESTINA LENTE

姜丹丹 何乏笔（Fabian Heubel） 主编

共同的生活

[法] 茨维坦·托多罗夫 著　林泉喜 译

Tzvetan Todorov
La vie commune

华东师范大学出版社

华东师范大学出版社六点分社　策划

主 编 的 话

1

　　时下距京师同文馆设立推动西学东渐之兴起已有一百五十载。百余年来，尤其是近三十年，西学移译林林总总，汗牛充栋，累积了一代又一代中国学人从西方寻找出路的理想，以至当下中国人提出问题、关注问题、思考问题的进路和理路深受各种各样的西学所规定，而由此引发的新问题也往往被归咎于西方的影响。处在21世纪中西文化交流的新情境里，如何在译介西学时作出新的选择，又如何以新的思想姿态回应，成为我们必须重新思考的一个严峻问题。

2

自晚清以来，中国一代又一代知识分子一直面临着现代性的冲击所带来的种种尖锐的提问：传统是否构成现代化进程的障碍？在中西古今的碰撞与磨合中，重构中华文化的身份与主体性如何得以实现？"五四"新文化运动带来的"中西、古今"的对立倾向能否彻底扭转？在历经沧桑之后，当下的中国经济崛起，如何重新激发中华文化生生不息的活力？在对现代性的批判与反思中，当代西方文明形态的理想模式一再经历祛魅，西方对中国的意义已然发生结构性的改变。但问题是：以何种态度应答这一改变？

中华文化的复兴，召唤对新时代所提出的精神挑战的深刻自觉，与此同时，也需要在更广阔、更细致的层面上展开文化的互动，在更深入、更充盈的跨文化思考中重建经典，既包括对古典的历史文化资源的梳理与考察，也包含对已成为古典的"现代经典"的体认与奠定。

面对种种历史危机与社会转型，欧洲学人选择一次又一次地重新解读欧洲的经典，既谦卑地尊重历史文化的真理内涵，又有抱负地重新连结文明的精神巨链，从当代问题出发，进行批判性重建。这种重新出发和叩问的勇气，值得借鉴。

3

一只螃蟹，一只蝴蝶，铸型了古罗马皇帝奥古斯都的一枚金币图案，象征一个明君应具备的双重品质，演绎了奥古斯都的座右铭："FESTINA LENTE"（慢慢地，快进）。我们化用为"轻与重"文丛的图标，旨在传递这种悠远的隐喻：轻与重，或曰：快与慢。

轻，则快，隐喻思想灵动自由；重，则慢，象征诗意栖息大地。蝴蝶之轻灵，宛如对思想芬芳的追逐，朝圣"空气的神灵"；螃蟹之沉稳，恰似对文化土壤的立足，依托"土地的重量"。

在文艺复兴时期的人文主义那里，这种悖论演绎出一种智慧：审慎的精神与平衡的探求。思想的表达和传播，快者，易乱；慢者，易坠。故既要审慎，又求平衡。在此，可这样领会：该快时当快，坚守一种持续不断的开拓与创造；该慢时宜慢，保有一份不可或缺的耐心沉潜与深耕。用不逃避重负的态度面向传统耕耘与劳作，期待思想的轻盈转化与超越。

4

"轻与重"文丛，特别注重选择在欧洲（德法尤甚）与主流思想形态相平行的一种称作 essai（随笔）的文本。Essai 的词源有"平衡"（exagium）的涵义，也与考量、检验（examen）的精细联结在一起，且隐含"尝试"的意味。

这种文本孕育出的思想表达形态，承袭了从蒙田、帕斯卡尔到卢梭、尼采的传统，在 20 世纪，经过从本雅明到阿多诺，从柏格森到萨特、罗兰·巴特、福柯等诸位思想大师的传承，发展为一种富有活力的知性实践，形成一种求索和传达真理的风格。Essai，远不只是一种书写的风格，也成为一种思考与存在的方式。既体现思索个体的主体性与节奏，又承载历史文化的积淀与转化，融思辨与感触、考证与诠释为一炉。

选择这样的文本，意在不渲染一种思潮、不言说一套学说或理论，而是传达西方学人如何在错综复杂的问题场域提问和解析，进而透彻理解西方学人对自身历史文化的自觉，对自身文明既自信又质疑、既肯定又批判的根本所在，而这恰恰是汉语学界还需要深思的。

提供这样的思想文化资源，旨在分享西方学者深入认知与解读欧洲经典的各种方式与问题意识，引领中国读者进一步思索传统与现代、古典文化与当代处境的复杂关系，进而为汉语学界重返中国经典研究、回应西方的经典重建做好更坚实的准备，为文化之间的平等对话创造可能性的条件。

是为序。

姜丹丹（Dandan Jiang）

何乏笔（Fabian Heubel）

2012 年 7 月

译者说明

　　中译本正文据《共同的生活》法文版翻译，但法文版未详细标注引文出处，故引文出处参考《共同的生活》英文版译出，以方便有兴趣的读者查阅。

目　录

前　言

　　人们如今从事的人类学研究根本就不是"普遍通用"的，因为它的研究对象是特定社会，或特定社会的文化。但"人类学"也可以从"认识人类"的本意上理解，指人对人类形成概念，将概念隐含进人文科学、道德和政治的语篇，甚至隐含进各种哲学阐释。本书论述的人类学属于这种情况。

　　普通人类学处于人文科学和哲学之间，既不跟其中一个相左，也不跟另一个相悖，而是在它们之间建立一座桥梁，让它们相连，或建立一个中介空间，方便它们契合在一起。普通人类学跟心理学、社会学或民族学这些学科的区别在于，它不集中观察人类活动的某种形式或某个方面，而是试图解释人类对自身给出的隐含定义，以及人文科学里只可意会不能言传的东西。不要想当然，普通人类学其实并不预先把人类的

1

共同点和不同点摆在相对重要的位置，不优先考虑共同点，也不忽略不同点。社会之间或个人之间有差异，这一想法本身就暗示有个属性共同体，能使比较和差异研究丰富起来，或至少成为可能的事。有些学者似乎把掌握术语当作研究的唯一目标，而普通人类学鼓励我们摆脱每个学科的特定术语，或学科内部每个分支的特定术语。普通人类学渴望从相互隔绝的研究领域里找出共同之处，因此也注定要找寻一种共同的语言。普通人类学区别于平常说的哲学（除了称作"哲学人类学"的部分），原因在于它有一个经验的对象——人，而不坚持去检验知识原则和基本概念、可能性和不可能性，也不去检验判断或存在本身。所以，人类学在人文科学里找到观察和描写，为自己汲取养分，而不以取笑人文科学在哲学层面的天真为乐，在这一点上，人类学既具体，又普通，这样的二元性促成了构建人类学的紧迫性。

按这样理解，人类学的领域很广泛。现在我仅仅转向其中一部分，我不讨论人在社会中的位置，相反，我要讨论社会在人身上的位置。人是一种社会存在，这个普遍承认的事实到底意味着什么？没有你，我就不存在，这种观察的结果是什么？个人的经历永远只是一种受限的共同的生活，那么局限在于什么呢？

我从各种数据汲取思考素材，在我看来，有重要价值的只是观察,而非围绕观察的科学和伪科学工具。第一章将尝试浏览西方哲学思想史,这并非要取代深刻的历史研究。我在本书中以史为据,而不讲历史本身,因此必须马上说明,我的所有思考可以被视为探索,探索卢梭在大约两百五十年前预设的几个大胆命题。

我也使用人文科学著作,尤其是跟我感兴趣的问题相关的心理学和心理分析内容。但在我看来,这些学科仿佛向我们揭示非科学的那些东西的真相,并没有质的优势。这些学科不是万能钥匙,我认为它们跟别的钥匙没什么两样,只是用于阐释语篇,而非阐释所有语篇的终极意义。当今构筑人文科学的各种流派中,最让我感兴趣的,一是儿童情感发展心理学,一是关系心理分析。

相比惯常做法,我更多使用文学作品,作者包括诗人、小说家、自传作家或散论家。这样做需要稍加解释,因为可能会被文学专家看成异端,也可能会被人文科学的专业人士看成另类。这两种人都认为,文学实际上跟知识不着边际,真相跟歌曲也不着边际。他们会说,文学是其构成元素的纯粹形式游戏,文学只代表文学自己,或者文学解构和阻止自己的伪论断;他们还会说,文学是世界的模糊反映,不会简约为可被废除或可被确认的命题。可以这样反驳他们,如果文学说不出人类状况的某种本质,那么我们就不需要再回到两千多年前的古文中去了;而且,之所以文学真相不会简约为常用验证手段,是因为验证有很多种。文学文本的验证不再是狭隘的、参照性的,而是主体间性的,超越了国界和时间,将读者和读者黏合在一起。所以说,索福克勒斯和莎士比亚、陀思妥耶夫斯基和普鲁斯特依然满足我们的美学向往,也满足我们求知求解的需要。

文学思想应该被放入知识语篇,这样还有特别的好处。故事或诗歌表达的东西让我们摆脱那些主导时代的刻板印象,或者摆脱阐述观点之前的自我道德审查。不论关于整个人类,还是关于我们自己,令人不适的真相在文学作品里都能比哲学或科学作品更有机会得到表述。文学思想的确不准备接受实证或逻辑的考验,但刺激着我们的符号阐释机制和联想能力,运动、回声和冲击在最初接触之后长时间持续。通过使用字词引发联想,通过求助历史、事例和特例,文学思想做到了这点。在这个意义上,作品比作者更聪明,我们对作品的阐释比我们自己更聪明。最后,文学作品还有一个优势,就是面向所有人,即寻求最大的可理解性;看到拉罗什富科丝毫不向粗制滥造让步,清清楚楚地讲述当代心理分析家用晦涩的学究文章要解释的东西,我们为什么要跟阅读的快感过意不去呢?

人类学知识还有最后一个显而易见的源头,在当前人文科学转向所谓的"客观主义"之时，值得再提一提，这个源泉就是内省。如果"共同的生活"不让我着迷，如果我不认为它至关重要，我就不会写它了；我也曾努力明白个中缘由。

我还要承认我欠了一笔特殊的人情债，欠我朋友弗朗索瓦·弗拉奥的人情债。二十多年来，共同的生活一直是我们最常谈论的主题，他在这方面写过诸多专著和论文。我今天不可能在署我之名的内容里精确区分出他的思想，但我知道，他的思想分量很重。为了说明他的重要，为了表示感谢，我谨将此书献给他。

第一章　思想史一瞥

离群传统

如果看看欧洲哲学思想的主要流派怎么定义人性,就可以得出一个有意思的结论:社会维度,即共同的生活这一事实,基本都不被看作人的*必需*。"论点"并非如是表述,只是未被说明的预设,但因为如此,论点作者没有机会论证,我们就愈发容易接受它了。而且,这个论点成为许多相互对立、相互争吵的理论的公约数:不管站在冲突的哪一方,都要拥抱人的这一定义,即人是孤独的、离群的。

离群观点的各种版本很容易辨别。首先,我们看看古典时代的伟大道德家(相比宣扬道德,其实更热衷分析风俗的那些人)的版本,他们本身就是古代思想的继承者。从中我们看到,人类徘徊在两个状态之间。一个是现实生活,但也是我们幻想的生活,人的确陷入社会关系的网络,原因是人很弱小。另一个是真实生活,尽管我们很难进入这个状态,但在其中可以接近神明,摆脱他人:合群性的表面跌宕被远远甩在后面。跟他人打交道是应该努力卸下的负担,向周围的人要求赞赏只是一种有罪的**自负**,为智者不容;智者追求的是自给和自足。

向同时代人提出建议时,蒙田这样说:"让我们的欢悦取决于我们自己,让我们丢弃将我们与他人绑在一起的联系,让我们乐于独自生活,自在生活。"[①]"离开满足感,包括他人赞赏带来的满足感。"[②]因此,摆脱跟他人的关系,尤其摆脱向他人寻求肯定,既是可能的,又是可颂的:这就是蒙田传承的斯多亚式智慧。拉布吕耶尔也发出类似倡议,但他难道不曾遗憾地看到"人类有时无法自足"[③]吗?幸好这些局限并非一直如此,并非处处如此:超越幻想,人最终达到自足的理想。帕斯卡尔的总体观点虽然完全不同,却持有同样的对人的概念。

①　蒙田(Michel de Montaigne),《随笔集》(*The Complete Essays*),斯坦福大学出版社,1958 年,第 177 页。

②　蒙田,《随笔集》,第 182 页。

③　拉布吕耶尔(Jean de La Bruyère),《品格论》(*Characters*),牛津大学出版社,1963 年,第 199 页。

他写道:"我们不满足我们自身和自我存在所经历的生活:我们要按他人的想法去过想象出来的生活,所以我们努力伪装。"①帕斯卡尔很遗憾地观察到我们不知自足。看到我们投身无休止的社会娱乐,他满心忧虑。合群是现实,可理想,亦即我们本性的深刻真相,却是孤独:这就是个人主义概念的第一个重要版本,构成我们看待人类生活的基础。

但此版本并非主流。理想与现实、孤独与合群之间的对立通常具有另一种性质。其实自文艺复兴以来,人们就已经不再把"本性"跟"理想"相联系,而在所谓现实里发现本性。政治理论和心理学同时发生转向,始作俑者还是那些作家(马基雅维利和霍布斯成为这种思想的象征性人物)。根据拉丁文圣经(说来这也不是彻底的新事物:各个民族几百年来的智慧名言一直教导说,人是他人的狼),人只在表面上以及遵从官方道德要求的时候,才照顾他人;人实际上是纯粹自私和追逐利益的存在,他人只是对手或障碍。如果不屈于社会和道德的强大限制,本质孤独的人会跟同类无休止地作战,疯狂地争夺权力。蒙田和拉布吕耶尔认为的理想——自给自足,是人的现实,但这是受威胁的现实。社会与道德把共同生活的

---

① 帕斯卡尔(Blaise Pascal),《思想录》(*Pensées*),伦敦:J. M. Dent 出版社,1960 年,第 47 页。

法则强加给本质孤独的人，有悖人的本性。人的这一概念，即非道德概念，战胜了道德概念；也是这一概念出现在了当今最有影响力的心理学和政治学理论当中。

看到人的本性既孤独又自私，就可以从两个反方向进行探讨：打败本性，或反之而行，赞颂本性。拉罗什富科，法国第一位对人持有这样观点的伟大代表，选择了斗争：社会生活抑制人无节制的胃口，迫使人学会互利；社会理想比自私现实更可取。但拉罗什富科对人的本性没有疑问：人被自尊主导，自尊在此是自私爱己的同义词，或人被利益主导，这是广义的利益，但总受限于欲望主体的视野。即便判定礼貌和顺从比贪婪和傲慢更可取，还是应该先擦亮眼睛，因为所有的表面善良都只是面具和伪装。"我们只爱跟我们有关系的。""只有利益才能产生友谊。"①自我是可恨的，帕斯卡尔说道，原因有两个："人自身不公正，因为把自己放在一切的中心；人令他人生厌，因为人想奴役他人：因为每个**自我**都是敌人，都想成为他人的暴君。"②

在拉罗什富科（或他之前的霍布斯）身上，可以看到几百年来不曾改变的论述方式。最初，所有社会关系都被归结为

---

① 拉罗什富科（François de La Rochefoucauld），《箴言集》（*Maxims*），伦敦：Allan Wingate 出版社，1957 年，第 47、48 页。

② 帕斯卡尔，《思想录》，第 43 页。

可赞颂的品质,即慷慨待人和关爱他人;换言之,孤独与合群的对立被说成自私和利他的对立。这显然无理。因此,幻象后来被尽力消除,道德面具被撕扯而下。动作毫不客气,反倒让人觉得更有道理(我们无意识地对自己说,令人不舒服的东西只有是真的,才得到我们的肯定)。突然之间,对人的善意看法被抛弃了,认为人孤独和自私的观点留了下来。合群是道德的,而道德是骗人的;所以,真相在于人是不合群的。拉罗什富科因此总结:"人如果不互相欺骗,就无法长时间合群生活"[1];帕斯卡说:"人和人之间的团结只建立在相互欺骗之上。"[2]以为他人为我们好,就错了;如果大家都清醒,社会就消失了!

可这种说法的前提难道没有谬误吗?道德判断,即辨别善恶,似乎传染了隐含的人类学概念。拉罗什富科宣称只有利益才能产生友谊,但发现自己把话说得太绝对,便建议说,他的箴言运用到不如友谊那么趋利的其他关系更有道理。原因不仅在于这样解释友谊太简短,因为若将他人完全置于我的利益之下,他的附从对于我就只有很小的价值。从更根本的层面上看,拉罗什富科的说法意味着社会生活**之前**存在自

---

① 拉罗什富科,《箴言集》,第49页。
② 帕斯卡尔,《思想录》,第33页。

主和趋利的自我,是只渴望积累财富的有产者,人和人的关系仿佛可以参照人和物的关系来理解。然而,跟他人的关系不是自我利益的产物,这种关系既先于利益,也先于自我。用霍布斯的方式自问:人为什么选择合群生活? 或用叔本华的方式问:社会需要从何而来? 因为人从来没有用这样的路径抵达共同的生活:关系先于隔绝的个体。人的合群生活不出于利益,也不出于道德或其他任何理由;人之所以合群,是因为没有别的可能的存在形式。

作为伟大的道德家和备受质疑的心理学家,康德也提到几乎同样的概念。按照康德的看法,人类的根本矛盾在于其"无法合群的合群性",在于其既要寻求社会,又要逃离社会的矛盾倾向。然而,如果寻求社会的倾向能实现人身上最好的(第一个倾向在理想这一边,在人类的目的地一边,是监管原则),那么,逃离社会的倾向告诉我们内在的真相,本性的倾向;是"他只想按自己意愿统领一切的孤僻性格;然后,他料到抵触会来自任何地方,正如知道自己也倾向抵触他人"①。从个人角度看,他人只是对手或影响自己上升的障碍;人因此希望他人消失。渴望独享无限权力,又因无法摆脱社会而感到

---

① 康德(Immanuel Kant),《普遍历史》(*The Idea of a Universal History on a Cosmo-Political Plan*),汉诺威(新罕布什尔州):Sociological 出版社,1927 年,第 6 页。

自己软弱无能,人被撕裂了。"以为只要遵循他人(即便他人满心好意)的选择就能幸福的人完全有理由感到自己不幸。"①

康德对新生儿的啼哭做出一番很奇怪的阐释。人的本性难道不是希望他人跟自己保持距离,甚至不惜为此跟他人作斗争吗?"孩子一离开母亲的乳房,似乎就要哭喊着进入这个世界,原因只有这个:他觉得无法使用四肢是局限,就立即宣示他要求自由的主张。"②新生儿之所以啼哭,并不是为了要求得到生活和存在的必要补充,而是要抗议自己对他人的依赖:康德式主体的人,生而渴望自由!

康德开始具体描写人类核心激情,即推动每个人争抢权力、争相出人头地的激情。根据激情的客体,他区分三种方式:Ehrsucht、Herrschsucht、Habsucht,即渴望荣誉、渴望主导、渴望物质(或贪婪)。最后的方式属于积累的经济模式,第二个方式里所有他人都被看作潜在仆人(或奴隶),但第一种方式,狂热追求荣誉就不一样了。荣誉(复数)的属性在于荣誉必须由他人,由有资格的人授予我们;身为我们同类的他人因此不能化约为追求相同荣誉的对手或障碍。在此,他人无法

---

① 康德,《实用人类学》(*Anthropology from a Pragmatic Point of View*),海乐:Martinus Nijhoff 出版社,1974 年,第 135 页。

② 康德,《实用人类学》,第 136 页。

化约,他人异于自己,又补充自己。其他社会关系,如朋友或师生,甚至在新生儿跟母亲的关系里,难道不也是这样吗?

拉罗什富科害怕自己的解释性原则被过度延展,赶忙在《箴言录》第二版的"读者须知"中写道:"利益一词并不总是指物质利益,而更常指荣誉或荣耀利益"[1],这在深层次上是对的,但很大程度上削减了最初言论的彻底性:如果人类活动的主要刺激不是欲求物质或满足,而是只有他人才能提供的荣誉和荣耀,那么,如何能绕过他人呢? 拉罗什富科只关注社会激情,但他说,根本和最初的人是孤独的:的确,出于自私的利益,我们无法绕过他人。拉罗什富科考虑的特例和康德的一样,都动摇了自己的阐释的总体框架,由于框架从来没有被明确,被动摇就更容易了;没有明确框架,谁能相信对抗或屈服就穷尽了人类关系的种类呢?

第一个版本站在道德一边(康德教导说,应该超越自己的倾向),人是自私和孤独的。最迟于18世纪出现的第二个版本则建议最好根据现实描绘理想,而不是将两者对立;人的心理学概念没有因此而改变。持此立场的人往往是唯物主义百科全书编撰者,比如爱尔维修、狄德罗、霍尔巴赫,以及大胆的萨德。爱尔维修的《论精神》重复拉罗什富科的观点,说利益

---

[1] 拉罗什富科,《箴言集》,"读者须知"。

统领人的行为,但不同的是,他不后悔有这样的观点。狄德罗成为这个学说的支持者,还补充道:"要人成为人,就应该建立适合他的道德"[1],换句话说,理想必须屈从于现实。萨德总结道:"除了你们的倾向,不要别的制约;除了你们的欲望,不要别的法律;除了自然的道德,不要别的道德。"[2]

尼采对 17、18 世纪的先驱很是挑剔,却十分赞同他们关于人的概念。他只鄙视把荣耀和卓越抛在脑后,满足于吃饱穿暖的同时代资产者;他的理想——超人——是渴望孤独的。以强力意志为核心的"主人道德"取代拉罗什富科的自尊和自私。"我想,每一个人都渴望成为整个空间的主人,扩展他的力量(他的权力意志),击退一切抵抗。但他人也有相似追求,他不断失败之后,最终不得不向同类人妥协('配合'):于是,他们一起渴望夺取权力。"[3]人渴望主导,这点跟其他动物并没有区别;他人不论谁都只是对手,在无法单独完成任务时,他人才是伙伴。但最好的人才成功:"富人和活人都想获得胜

① 狄德罗(Denis Diderot),"布干维尔岛游记",《拉摩的侄子》(*Rameau's Nephew and Other Works*),花园城(纽约州):Doubleday 出版社,1956 年,第 228 页。

② 萨德(Marquis de Sade),《卧房里的哲学》(*Philosophy in the Bedroom*),纽约:Grove 出版社,1966 年,第 323 页。

③ 尼采(Friedrich Nietzsche),《权力意志》(*The Will to Power*),纽约:Random 出版社,1967 年,第 340 页。

利,想战胜对手,想在新领地扩展权力感。"[1]

尼采有一种奇怪的平等主义心理:人人都相似,都抢一个位置;他人要么是我的对手,要么是我的伙伴,要么(在我胜利的时候)是我的手下败将、我的奴仆。似乎克服了保护弱者的常规道德——羊群道德强加给我们的桎梏,我们所有人就将急着要成为主宰他人的孤独主人了。但这真的是人类行为的规则吗?难道暴君就不曾有受挫感吗?

在此,荣誉和荣耀的概念值得注意。的确,它们必然暗指合群性,而且不论古代人还是现代人,在思考人的时候不断看到荣誉和荣耀。同样让人注意的是,尽管对人的态度发生了深刻变化,欲求荣誉和荣耀却一直被看作可选项,也被看作可以省略的追求。古代人认为,这样的欲求让人释放最好的部分:阿喀琉斯宁愿辉煌地死,也不愿暗淡地活。可这样的道德并非人皆有之,最优秀的人才有:这是一种理想,不是维持生命的需要。

现代人的看法相反,霍布斯最早认为欲求荣誉和荣耀是我们痛苦的源泉;应该学会驯服这个欲求,让它服从于更关键的利益:社会的和平比英雄的荣耀更有价值。启蒙哲学家孟德斯鸠、康德都抱怨我们渴望荣耀,这种无法控制的激情是封

---

① 尼采,《权力意志》,第 374 页。

建规约的陈旧残余。这样,他们也认为可以略去追求荣耀,说只有最优秀的人才能做到。这就是为什么当霍布斯或拉罗什富科宣扬良好的合群性能治疗我们彻底的自私时,他们没有采纳对荣誉和荣耀的欲求,而明确说必须摆脱这个自私追求。渴望荣誉不再出现在渴望物质和渴望主导的系列里面,它只是一种"自私利益"。(尼采正相反,他抱怨现代人不再追求荣耀,他以不追求荣耀作为辅证,说明新的民主形式宣扬平庸。)现在,人们又开始劝告大家各人顾好各自的事,关注内心的发展,不要白费力气追逐名利。似乎不参照外在,自身也可以存在,似乎自负和自我中心占满了主体之间的场域。

发现及其化约

说离群符合西方心理学传统里关于人的所有概念,肯定是错的。离群观的确是主流,但非唯一。古典哲学里有"孤独倾向",但也有"合群倾向"。虽然自给自足仍是智者的理想,但希腊哲学家也认为人是必须跟同类生活在一起的社会动物,人的身心在城邦得以发展。两种论断之间的张力总是被接受"多种生活方式"消解,所有方式都值得称赞,即便它们也可以被分出等级:这样,有一种实际的、积极的生活可以共享,它发生在社会里;还有一种思考的、孤独的生活,它尤其适合智者。但是,即使承认人的多样性这个基本事实,希腊哲学家总体上仍没有看到你不同于我,而认为必须有你,我才完整;我和他人的地位差异也没有被当作主题对待。人和人之间的天然同情是同类之间的同情。必须有他人,道德才可显现(亚里士多德:"我们认为,善关乎自己与他人的关系。"①),但没有他人,人并非就不完整。友谊亦然,友谊是成就,甚于需要。西塞罗说得更直白:"天性给予我们友谊[……],让个人身上不完美的道德跟他人结合,从而让道德趋向完美。"②

亚里士多德也留下这样的名言:"没有能力成为社群成员的人,或者因自给自足而觉得完全无此必要的人,根本融不进城邦,因此,他要么是粗俗的人,要么就是神。"③动物和神都自给自足,所以单独的人可以把自己当作动物或神;可人的不完整是无可救药的,人需要他人。但有一点很清楚,人需要他人就像需要自然环境而已,不是为了这种或那种特定的功能。亚里士多德思考的是众多个体共存于同一城邦的关系,而非视者和被视者之间的互补。柏拉图的《会饮篇》说到阿里斯托

<hr>

① 亚里士多德(Aristotle),《欧德谟伦理学》(*Eudemian Ethics*),哈佛大学出版社,1967年,第445页。

② 西塞罗(Marcus Tullius Cicero),《论老年论友谊》(*On Old Age and On Friendship*),密歇根大学出版社,1967年,第81页。

③ 亚里士多德,《政治学》(*Politics*),牛津:Clarendon出版社,1885年,第4、5页。

芬的神话，人需要另一个人作为"互补的一半"①，因此，内在上人是不完整的；不过，这种互补比起建立共同的生活，更有利于解释性吸引力：雄性器官插入雌性器官，构成表达完整性的图像。柏拉图还假设有一种热情叫血气，是灵魂的组成部分，附属于追求荣誉的激情和对胜利的挚爱；但他没有注意到，这样的奖赏只有他人才能给予我们。而斯多亚主义者发现自负无处不在，但人可以摆脱自负。

如果忽略某些迹象不谈，可以说在 18 世纪中叶才有了一场真正的革命。卢梭第一个表达了人的新概念，人是需要他人的一个存在。应该立刻补充，卢梭的话语有两个特点把他的意思弄含糊了，有时让人不得其意。第一，卢梭在《论人类不平等的起源》里说，哲学采用历史报告的形式，但要警惕哲学家本人的思想建构在历史中的任何投射。在书的开始，他想象的"自然状态"被确定为"一种不复存在，或根本不曾存在，而且今后可能永远也不会存在的状态，然而对这个状态必须有正确概念，才能很好地判断我们当前的状态"②。人们很难不断提醒自己，卢梭想象的人类最初的"阶

---

① 柏拉图(Plato)，《会饮篇》(*The Symposium*)，印第安纳波利斯：Bobbs-Merrill 出版社，1977 年，第 32 页。

② 卢梭(Jean-Jacques Rousseau)，《论人类不平等的起源》，剑桥大学出版社，1997 年，第 125 页。

段"只是"假设性的和有条件的推理",而唯一的真正人类是当前的人类。

第二个难点在于,卢梭本人天性多疑,总认为自己被人迫害,所以偏好离群索居,甚少跟众人相处。在他那个时代,孤独远远不如现在容易,但他恰恰青睐孤独。尽管卢梭个人喜好与世隔绝,却不把自己和他断言的人的孤独本质混为一谈。他很好地示范了总体规则(他给爱弥儿的建议)和个别例外(他自己的命运)之间的距离;而且,在《对话录》里告诉我们他喜好孤独之后,他执意重申"绝对的孤独是一种可怜的有悖自然的状态"[①]。所以,首先应该揭开干扰我们洞察卢梭思想的面纱;卢梭的思想揭示了他的勇气过人之处。

卢梭跟我称为"道德家"(按照蒙田的传统)的人曾经是同路人,他谴责合群生活,推崇个体孤独。他因此区别了"自爱"和"自尊"两个术语。第一个概念是积极的:是自我保存的简单本能,每个人都不可或缺;它先于道德态度,却在道德一边(被怜悯更改后,它构成了道德的基础),而不在自私一边。第二个概念卢梭认为是消极的:这是只有在社会里才有的情感,要我们跟他人比较,要我们自认高人一等,要他人低我们一

---

① 卢梭,《对话录》(*Dialogues*),汉诺威(新罕布什尔州):新英格兰大学出版社,1990年,第118页。

等。因此,卢梭的自尊不同拉罗什富科的跟自爱混淆的自尊,而更符合其他道德家所说的自负:是我们对他人判断的依赖。"自尊,是一种相对情感(相对,在卢梭看来是合群的同义词),靠这个情感,人和人相互比较,自尊要求分出喜好,乐于比较是纯粹消极的,它不再因自己的善而满足,而仅因别人的恶而满足。"①

卢梭的推理如果停于此处,那他也就只是用好口才刻薄抨击了人的自负及其超越他人的欲望而已,也只能像其他道德家那样,认为人类关系依靠相似性:互相比较,取代他人,打败对手。现在问题在于,这类关系是否像谴责合群生活的卢梭的前辈们认为的那样占据整个社会场域,是否存在其他的合群关系,不再依靠相似性,从而不导致相互比较、取代他人或相互敌对。

准确地说,卢梭的成就在于思考了另一类社会关系,发现它们对人类认同的影响,他用来指称这类社会关系的术语,在总体上不能跟自爱相比,也不能跟自尊相比。两条路之间的第三条路,是"关注的理念"②。人自群居之始(相对历史时间,意为一直以来),就有把他人的目光吸引到自己身上的需

---

① 卢梭,《对话录》,第 9 页。
② 卢梭,《论人类不平等的起源》,第 166 页。

要。人的特殊器官是眼睛:"每个人开始看他人,开始愿意被他人看。"①因此,他人跟自己的位置不再是对立的,而是毗邻的、互补的;他人对我的完整性是必需的。吸引目光的需要,其结果像自负的结果:愿意被注视,寻求公众的赏识,试图让他人对自己的遭遇感兴趣;不同之处在于,这个需要构筑我们认识的空间,而非构筑一种恶习。卢梭的创新之处,不在于指出人可以被追求荣耀和名望的欲望所驱使,这点所有道德家都知道,而在于让这个欲望成为谈论人类的门槛。人特有的被看和被关注的需要,卢梭发现这比追求荣誉有大得多的外延。

合群性既不是一场事故,也不是一次偶然:合群性甚至是人类状况的定义。现在可以理解卢梭在《论人类不平等的起源》里用严肃的语气说:"要人合群的那位,用手指按住地球的中轴,把地球按向宇宙的中轴。在这个轻轻的运动中,我看到地球的面孔变了,人类的天命注定了。"②但这个"天命"意味着我们必定需要他人,不是为了满足我们的自负,而是因为我们身上标记着原初的不完整,我们的存在甚至归功于他人。在别处,卢梭写道:"一切依赖皆是不足的迹象:如果人根本不需要他人,那么他就不会想到跟他人联合在一起。"③我们就

---

① 卢梭,《论人类不平等的起源》,第 166 页。
② 同上书,第 273 页。
③ 卢梭,《爱弥儿》(*Emile*),纽约:Basic Books 出版社,1979 年,第 221 页。

是这样的:生于不足,死于不足,总在寻觅缺失的补充部分。只有上帝知道孤独中的幸福:卢梭在此重新找到亚里士多德的思想,因为他接受合群源自个体孱弱的观点。但卢梭的关键贡献在于确定人是带着先天不足进入生存的,因此每个人都需要他人,需要被关切,"需要牵挂着他的心"。[1]

是什么让人有了自我存在感?卢梭有时用自我存在感作为自爱和保存本能的对等词。但在谈及合群性视角时,他恰把自我存在放进"关注"[2]。正如《论人类不平等的起源》的结论:"野蛮的人活在自我之内,社会的人(别忘了,是真实存在的人)总在自我之外,只知道活在他人的看法里,因此可以说,只有他人的判断才能让他得到自我存在感。"[3]卢梭在《对话录》里确认这样的观点:人之区别于动物,在于他除了生理感觉(服务于保全本能),还有社会感觉,即"我们善意关切陌生人的能力"[4];运用这个能力所带来的结果是"拓展和增强我们的存在感"[5]。跟他人的关系增强自我,而非减弱自我。人的这种特点使人成为人,是人之善恶的根源,是无休止的不幸

---

① 卢梭,《对话录》,第 116 页。
② 卢梭,《论人类不平等的起源》,第 166 页。
③ 同上书,第 187 页。
④ 卢梭,《对话录》,第 112 页。
⑤ 同上。

和脆弱的幸福的根源。

卢梭把需要他人目光写入人的定义，这样，他脱离了经典传统，尽管其学说还有经典的各种传统成分。除了他的天才，是什么让他在对人类状况的理解中迈出这个决定性的步子呢？也许正如查尔斯·泰勒所说，历史背景起了某些作用：18世纪中叶，少数特权者专有的幸福机制开始过时，人人都渴望获得公众的认可和后来所谓的尊严。原本自然而然的事成了问题，并从隐形中走了出来：卢梭是最早发现这个变化的人之一。如果好好分析历史背景，就可以发现，他的贡献远远超过人们的想象。

在此不可能非常细致地梳理卢梭的发现在后来遭遇的命运，但值得重提时间相近的两个反应，说明卢梭的发现引发的反应既强烈又多样。

第一个反应来自苏格兰哲学家和经济学家亚当·斯密。卢梭的作品问世时，三十出头的斯密正在格拉斯哥大学讲授伦理学；斯密立即拜读卢梭的作品，在 1756 年撰写了一篇充满赞美之辞的书评。他特别欣赏卢梭留位置给同情心，即合群性；他当时正在跟霍布斯、拉罗什富科或曼德维尔的离群理论作斗争，于是开心地觉得卢梭是盟友。斯密认为霍布斯的观点不能考虑同情心。同情心是斯密的理论基石，定义为我们跟他人分享一切情感。斯密认为，同情心是人的日常体验对存在的确认。

斯密在 1759 年出版《道德情操论》时,不再引述卢梭;但《论不平等》确定的中心观点,即通向人性之路在于我们相互看待对方的目光,在斯密的作品里起到核心作用,特别体现在解释人类行动的动机。人在生活中追求的目标是什么,我们所有人都渴望的状况改善又体现在哪里?"让别人看我们,理我们,带着同情、满意和赞许来关注我们:这些就是我们可以瞄准的好处。"让人关注我们,这既是"最可爱的期望"[1],又是"人性最强烈的欲望"[2];没人能在公众认可的诱惑前无动于衷,除非他是完美的圣人,或者他已堕落成了畜生。为得到公众认可,我们准备付出无法估量的代价,因为"人常常故意抛弃生命,在死后获取无法享受的名誉"[3](激情高于利益的经典之例)。

缺失关注却是能够打击我们的最大痛苦:"跟受到蔑视相比,所有的外部痛苦都是很容易忍受的。"[4]世界上的伟人是"整个世界瞄准的靶心"[5],他们随时要面对的悲惨境地是不

---

① 斯密(Adam Smith),《道德情操论》(*The Theory of Moral Sentiments*),牛津:Clarendon 出版社,1976 年,第 50 页。

② 斯密,《道德情操论》,第 51 页。

③ 同上书,第 116 页。

④ 同上书,第 61 页。

⑤ 同上书,第 51 页。

再"被这大群没脑子的人、奉承者和附和者围绕"①,不再"被各色人等注视"②。斯密描述我们对他人的依赖时,常用视觉词汇:展示、隐藏、发现、看、观察、忽视、关注、视觉、眼睛、注意力、目光……

被看的需要不是人的动机,而是其他需要的真相。对物质财富的需要亦是如此:物质财富本身不是目的,而是保证让我们获得他人关注的方式。"主要因为在意人们的情感,所以我们寻求财富,逃离贫困。"③富人之所以幸福,因为他做到了让世界注意他,即便他之后极力隐藏财富。快乐亦如此:最强烈的快乐得自他人的目光。"天性训练人适应社会,[……]教人在他人的肯定或否定的目光里找到快乐或痛苦。"④别的快乐可以忽略:"有抱负的人追求的其实既非休闲,也非快乐,而总是荣誉,某种荣誉。"⑤让-皮埃尔·迪皮伊评论斯密时说,"斯密式的人说到底是不完整的"⑥,因为他放不下他人的目光:"他竟然那么需要同类人来铸造自己的身份。"⑦因此,斯

---

① 斯密,《道德情操论》,第 56 页。
② 同上书,第 56 页。
③ 同上书,第 50 页。
④ 同上书,第 116 页。
⑤ 同上书,第 65 页。
⑥ 迪皮伊(Jean-Pierre Dupuy),《牺牲和欲望》(*Le Sacrifice et l'Envie*),巴黎:Calmann-Lévy 出版社,1992 年,第 86 页。
⑦ 迪皮伊,《牺牲和欲望》,第 86 页。

密正是卢梭的门徒。

跟在康德那里的情况不同，荣誉此时没有融进一系列未被区分的欲望(财富、权力、荣誉)；广义上参照他人的目光和判断来理解的荣誉，是其他欲望的真相。斯密真正超越了世纪相传的对立，对立一方追求自负，另一方追求功利，或按阿尔伯特·赫希曼的说法，对立双方是激情和利益。人们常梦想进行这样的分配：把因"善"而为的事，如致富放在右边，把疯狂追逐荣耀和忠于象征放在左边。斯密认为，这些只是为达到同一目的而使用的不同手段而已。"斯密拒绝被资产阶级个人主义或自私自利的谎言迷惑"①，迪皮伊如是总结。的确，在这一点上，斯密比卢梭多迈了一步。我们已经看到，卢梭认为所有活物都有自爱，而关注及其逆向的自尊只属于人类。斯密完全抛弃人有独立的自爱的观点：自尊道出自爱的真相，财富的自私积累只是为了确保得到他人关注的手段。

上述例子会让人以为，对于人对他人目光的构成性依赖，斯密持否定态度。其实不然：人类状况如此，必须接受。这丝毫不妨碍斯密区分恶习和美德。正如卢梭区分"自尊"和"关注"，斯密也不将人的自负和相互依赖混为一谈。这正是他指责拉罗什富科和曼德维尔的地方：他们一开始就抹杀各种目

---

① 迪皮伊，《牺牲和欲望》，第 102 页。

光之间的任何差异,而进一步断言,统领我们的只有利益。曼德维尔"把跟他人情感是什么或必须是什么相关的一切都当成自负"。[①] 然而,欲求荣耀和自负不是一回事,欲求善事和因他人赞誉而得到的愉悦不是一回事。

因此,一些人对另一些人有激情,这本身并没有罪。在出发点上能成为腐败源头的是社会生活,即人的必需。甚至还得感谢"拥有大智慧的自然创造者"以此方式"教人尊重同类人的情感和判断","教人在某种程度上成为人类的敏捷判官"。[②] 因为,所有判断的源头都在于参照他人:比如,卢梭和斯密认为价值观,即道德和美,只能在社会中产生。不走出我们自己,不通过他人的目光看自己,我们就无法对我们自己有判断。在隔绝的环境里长大的人将无法判断任何东西,甚至不能判断自己:他缺少看自己的镜子。"把这个人放进社会,他就有了之前缺失的镜子。"[③]蒙田的确曾说:"从童年开始,我就学会在他人的生活里看我的生活……"[④]

我们是否必须竭尽努力寻求他人的肯定判断呢? 我们也知道,这样的判断会有多么的肤浅和飘浮。如果上帝存在,我

---

① 斯密,《道德情操论》,第 312 页。
② 同上书,第 128—130 页。
③ 同上书,第 110 页。
④ 蒙田,《随笔集》,第 824 页。

们就可以躺在他的真知灼见上休息，放弃人类的欣赏能力。但这个可能性在斯密的严格意义上的人的世界里不被考虑。斯密提出在人的世界里有一个人人皆可通达的思维结构，"立场公正且信息灵通的观众"①拥有的结构，这位观众在我们的内心，是我们生命中遇见的所有"他人"（即在 20 世纪，乔治·赫伯特·米德说的"泛化的他人"，巴赫金说的"超级接收人"）的理想原型。这位观众只有人性，摆脱每个人自有的缺点，让我们脱离自负，不停寻求他人的关注。

这位公正且智慧的观众并非哲学家的虚构：每个人的内心都有一个呈像（représentation），我们取名为**意识**；意识其实就是泛化的他人，我们内心的他人的目光，除此无它。我们的行为，最终的分析要依靠这个泛化的他人的判断。所以，有的人满怀善意，认为自己的行为是爱人类，这些人错了；有的人心理冷酷，热爱真理，却热衷抨击人只为私利而行动，这些人也错了。人不能单独让自己满意，也不一定要遵从社群强加于己的义务。"不是因为爱邻人，不是因为爱人类，我们才去实践神圣的道德。而是因为实践时刻突显了一种更强烈的爱，更有力的情感：爱荣誉和高贵，爱天性的伟大、尊严和高尚。"②人类行动

---

① 斯密，《道德情操论》，第 130 页。
② 同上书，第 137 页。

最有力的动机不是愉悦、利益、贪婪，也不叫慷慨、爱人类、奉献自我，而是欲求荣耀和关注，是因不被欣赏而感到羞耻、内疚和害怕，是需要被认可，是寻求他人的目光……

斯密接受并发展卢梭的直觉，不与之背道而驰。可在黑格尔那里，这个直觉受到完全不同的对待。黑格尔欣赏卢梭和斯密，而且阅读了他们的作品，他在《精神现象学》的著名篇章"主人和仆人（或奴隶）的辩证法"中，谈到我们的构成社会性(socialité constitutive)问题。我和我之前的众多读者都参考30年代亚历山大·科耶夫(《黑格尔导读》)的阐释来阅读原著。不是说科耶夫的阐释就完完全全符合原著，像所有阐释者一样，科耶夫稍稍加工了他阅读的文本。这样的阐释优点是比原著更清晰，而且从阐释中的偏颇可以看出19世纪以来人们如何看待黑格尔：黑格尔的思想对世界产生的作用似乎符合了科耶夫的阐释。

其实，黑格尔(《精神现象学》既没有引用卢梭，也没有引用斯密)阐释和改造了卢梭的思想。这体现在两个方面，一方面，他拓展并强烈肯定卢梭的思想。相较于把"关注"置于自爱和自尊的过渡状态，他让其成为人类的特点。而且，相较于把关注谴责为"自尊"、"傲慢"或"自负"，他把其描述成道德中性词。那么，动物和人的不同之处到底在哪里呢？动物的行为出于保全本能，因此它把必需品(比如食物)据为己有，撇开障碍(对手)。人也如此，但不止如此，人不但寻求物质满足，而且渴望自己的价值得到认可，而认可只可能来自他人的目光。**认可**(*Anerkennung*)，这个术语被黑格尔用来指称卢梭所说的"关注"和斯密所说的"注意"；现在轮到我使用"认可"这个术语。

"保存生命的生理欲望"屈从于"寻求认可的人的欲望"①时，人性才开始。"因此，人的欲望必须战胜生存欲望，换言之，只有根据人的欲望用生命(动物性)冒险时，人才'证实'为人。"②正如斯密早已提醒的，人准备失去性命去赢取名望。阿喀琉斯，他爱荣耀胜过生命，是第一个真正的人类代表，而不仅仅是伟大的英雄。获得认可的需要是构成性的人类事实。在这个意义上，人在社会之前不存在，人性建立在人际之间。"人的真相只能是社会的。""至少需要两个人，人才能成为人。"③黑格尔只描述人类状况，不像卢梭那样抱怨。

但科耶夫式的黑格尔在展开论述的同时，把化约强加给了关注理念。理念化约分阶段完成。第一阶段的出发点是严格执行排除第三方的法则。人为了超越动物状况，必须寻求

① 科耶夫(Alexandre Kojève)，《黑格尔导读》(*Introduction to the Reading of Hegel*)，纽约：Basic Books 出版社，1969 年，第 42 页。
② 科耶夫，《黑格尔导读》，第 7 页。
③ 同上书，第 6、43 页。

能立即满足欲望和生存本能的东西,还要寻找"某种超越既定现实的东西,然而,能超越这个既定现实的唯一东西就是欲望本身"。① 还有:"要成为人类的欲望,必须依靠一个非存在,即另一个欲望,另一个贪婪的虚空,另一个我。"②但是,欲望的客体世界必然分成不兼容的物质客体和其他欲望这两个部分吗?

　　第二阶段壮观得多。我要求他人认可我的同时,他人也这样要求我,而我们无法相互认可,必须有一人没得到认可,另一个人才能得到认可。要求认可,必然是一场战斗;而既然对于人类,认可是比生命更高的价值,那么这场战斗就生死攸关了。说实在的,在卢梭(还有他之前的其他作者)身上并非没有这个想法,但卢梭认为这个想法涉及自尊(消极),跟关注或对他人的需要(中性)无关。他写道:"我发现,对名望、荣誉和特权的普遍欲望把我们所有人都吞噬掉,[……]让所有竞争者变成对手,或更应说是敌人,[……]让那么多自认有实力的人在同一个竞技场里疲于奔命,每一天都遭遇各种挫折、成功和灾难。"③但由于科耶夫式的黑格尔并没有区分需求(自爱/自尊),他将这样的描述应用到认可的理念本身上去。既

---

① 科耶夫,《黑格尔导读》,第 5 页。
② 同上书,第 40 页。
③ 卢梭,《论人类不平等的起源》,第 184 页。

然两个伙伴都不让步,而宁愿拿生命冒险,"他们的相遇只能是一场殊死搏斗"①,别人也无法谴责:斗争融入人的定义。这是"一场殊死斗争。斗争,因为每个人都想通过否定他人和摧毁他人的行动,让另一个人,让所有的他人都屈服于自己"②。自己得到认可,就是置自己于他人之上。因此,认可的理念经久不衰地跟为权力而斗争的理念绑定在了一起。

第二个阶段还有第三次化约,即把所有认可都解释成价值认可;在科耶夫式的黑格尔的词汇里,认可是欣赏、赞许和歌颂的同义词,所以处于更低的位置。"一切欲望皆是对价值的欲望。"③

科耶夫式的黑格尔在推理中进行了最后一次化约,对原初对抗带来的后果进行思考。两位斗士,其中一人被打败,如果未被杀死,便成为奴隶或仆人(他宁愿保全性命而不谋取认可)。但这样一来,他就放弃了作为人特有的条件,可胜者又郁闷了:的确,他得到了认可,但不是另一个人的认可,就是说,不是他向往的认可。人的欲望注定是悲剧:要么得不到认可,因被打败,要么得到的认可没有价值,因认可来自败者。主人"被他不认可的人认可。[……]因此,主人的态度是堵死

---

① 科耶夫,《黑格尔导读》,第 7 页。
② 同上书,第 40、41 页。
③ 同上书,第 6 页。

存在的不通之路"①。

我们发现,对认可的任何需求都是斗争,而且,任何斗争都是对认可的需求:胜利不带来任何满足,因为胜利无法获得欣赏式的认可。科耶夫式的黑格尔断言"至少需要两个人",他是想说"只要两个人":在这个情景里,世界每时每刻都只住着一个胜者和一个败者。我们可以再一次质疑这种化约的合理性。的确,纳粹杀死或奴役集中营的关押者是得不到由受害者认可带来的快乐;可他难道不能得到欣赏自己"冷酷"的纳粹同伙的认可,不能得到他所效忠和听命的上司的认可吗?所以,在出发点上必须有三个人,而不只是两个人:两个斗士和一个作为证人的目睹斗争的观众。

科耶夫式的黑格尔给我们讲的故事,卢梭在《论不平等》里讲过,其他类似的文章也讲过:这是人类起源的故事。科耶夫式黑格尔给我们描述的是最初人类的出生证。所以,他总是谈到"人类纪",谈到"诞生状态的"人,"原初的"人②。概括而言:"第一次斗争,且决出一个主人和一个奴隶之后,人类诞生了,历史开始了。"③人类的历史,不是别的什么,正是这种主奴关系的演变。

---

① 科耶夫,《黑格尔导读》,第 19 页。
② 同上书,第 43 页。
③ 同上书,第 43 页。

人类起源的猜想属于神话，直到最近一个时期都跟哲学很像；猜想可以有启发性，但从来没被证实，也没被否定。它们最多给我们提供一种逻辑模式，一种解释性的呈像，我们也不必要求其真实存在。然而，我们可以观察到另一种诞生：不再是种类的诞生，而是个体的诞生。即便不愿给它优先的角色，这件事仍然是人类身份的例子，至少跟别的任何例子一样有意义。在科耶夫式黑格尔的情景里，两个勇敢的斗士应该是长大前的孩子吧？他们是从母亲的肚子里出来的，而不是从哲学家的脑子里出来的吧？但在阅读科耶夫式黑格尔的神话时，即便在脑袋里显现个体诞生，很多神话元素看来却太令人质疑，或实在可笑。这个模式是无效的。

　　正如物种起源的神话，个体起源的现实也需要至少两个个体，人才得以出现；但这两个个体不同于科耶夫式黑格尔那里的两位像是骑士对决或拳击场上对峙的男子；这两个个体更应该是母亲和孩子(如果回溯到怀孕，或者是一个男人和一个女人)。

　　把起源、诞生、"人类纪"描述成殊死斗争肯定不适用于母子关系。人不是诞生于斗争，而是诞生于爱。诞生的结果不是主奴关系，而是平淡的父母和孩子的关系。

　　可有人会反驳说，即便孩子的出生留给母亲或许也留给孩子的记忆痕迹在动物世界里找不到任何等同之处，孩子的出生还是像其他哺乳动物,根本没有人类的特有之处。父母和孩子,从一方到另一方的最初动作也没有人类的特点:孩子"要"被哺养和被温暖,总之,被保护,而母亲"要"去保护。最初关系的确在动物世界里有等同之处,但几个星期之后,其他哺乳动物没有而人类特有的事件发生了:孩子努力捕捉母亲的目光,不仅为了让母亲哺乳他或温暖他,而且还因为母亲的目光本身带给他必不可少的补充:目光确认他的存在。换言之,孩子现在"要"母亲的认可(或承担母亲角色的成人,此人可以是父亲,也可以是第三个人),母亲寻求给予孩子认可,保证他的存在;同时,母亲不一定意识到在认可孩子时,她自己也被孩子寻求认可的目光所认可。个人作为特定的人的存在,并不从战场开始,而是从婴儿捉住母亲的目光开始,这显然根本不惊心动魄……为了避免误解,我们得补充一下,这里的术语"目光"代表人与他人建立联系时拥有的最初和最好的工具;但在目光缺位时,比如盲人,以触觉和听觉为主的其他感官补充了同一个任务。

对比母子关系的观察结果,现在可以掂量科耶夫式黑格尔对认可程序进行化约的力量了。把所有非物质需求(具体而言:除却食物)都化约为对另一种欲望的需求是否合理呢?婴儿是否欲求母亲的欲求呢?他欲求她的目光,她的在场,总之,她的认可。可说实在的,认可只有通过想象的不懈努力,才能被称作欲望。其次,这个认可需求是否必然是一场争斗,甚至是你死我活的争斗呢?承认这一点很难。很长时间之后,会出现父母和孩子之间的敌对,孩子会跟父亲或母亲作对,但肯定不是在这个初始阶段。斗争的想法离双方的思想都很远,孩子不与父母斗,而是恳求父母。二者之间不平等,开始时,很难想象这种关系会朝向不平等关系演变;等级差异预示冲突。孩子在要求他人(母亲)的认可时,严格说来是不冒任何风险的;他的天性从中得到强烈证实。第三,孩子不要求他的价值得到确认(他不知道价值为何物,只满足于要求认可他的存在,仅此而已,却是非常了不起了)。

最后,即第四点,我们发现在个人发展过程中,冲突关系并不总伴随着对认可的要求(反之亦然):冲突更应是三角情形,冲突双方旁边还有一个证人,即裁判,或认可持有者;认可和斗争这两个程序,因此可以独立进行。把它们两个分开的另一个证据来自对动物的观察(当然是动物最初的阶段,而非黑格尔所说的阶段)。群居躁动的动物很符合黑格尔的图式,即搏斗导致掌控和奴役:对峙双方投入殊死搏斗,一方可以向另一方释放屈服信号而摆脱搏斗。这也说明,为支配别人而以自己的生命作为代价还不能把我们放进人的类型。一个古老的研究解释了养鸡场的鸡群生活是怎样组织的:开始是冲突,然后是屈服。是否要得出结论,人的社会只是一个巨大的养鸡场? 不,因为鸡群斗争没有任何认可的需要:纯粹只是力量的考验而已。而且,鸡群生活丝毫没有得到化约:动物和人一样,最初的社会关系不是冲突关系,而是血缘关系。

父母与孩子的关系是否类似主人与奴隶的关系? 这站不住脚。是否应该把孩子当作奴隶(因孩子处于劣势)或者主人(因孩子需要并获得了认可)? 混淆这两个关系不仅无用,而且会让我们再次失去观察的可能性,因为父母与孩子的**某些**关系在**某些**时刻发生变化时,其实可以进入主人与奴隶的逻辑。

必然可以得出这个结论:科耶夫式的黑格尔,不管描述多么精彩,仍没有说出人类状况的真相,而是描述了一种非常特殊的关系:欲望的实现本身带来欲望压抑,矛盾的认可要求伴随着敌对关系。描述没错,但要想放之四海而皆准,就太夸张了。人类关系的现实无限丰富。并非所有非物质的都是欲望,并非所有认可都是为了权力而进行的斗争,都是为了确定一种价值,所有斗争也并不都伴随着认可的要求;人类世界比(科耶夫式的)黑格尔说的"主奴辩证法"具有更多形式。这样,黑格尔的结论也很难令人认同:"只有在发生血腥斗争、为名誉而战时,人的存在、历史存在、意识自身的存在才有可能。"①认可的

---

① 科耶夫,《黑格尔导读》,第41页。

要求和给予有非常大的多样性,在此化约成为了权力而冲突的单调形式。才刚开始进行探索认可,原本方式多样的认可就被划归为唯一的一种,并且实际上跟黑格尔混为一谈,而这位房客其实厌倦西方哲学,厌倦所有人反对所有人的永恒战争。我们今天要克服的正是这种自断肢体的局限。

现代传承

一眼尽览所有理论显然不可能。几个世纪里,跟卢梭相关的理论一直试图改变或反对卢梭。可以说,最有影响的学说出现了,它们延伸了先前的离群倾向,比如霍布斯、拉罗什富科,或爱尔维修的学说,以及黑格尔对卢梭的再阐释(和化约)。早在科耶夫阅读黑格尔之前,经由将主仆辩证法演绎成阶级无情斗争的马克思主义和尼采的权力意志概念,黑格尔版本的卢梭已经雄踞西方思想。几个例子可以说明这个情况,我不敢以为能替代系统的描述。

经典精神分析法常将拉罗什富科和康德的概念联系起来,在现今的心理学领域几乎消灭了所有对手:人是自私的,根本上是孤独的,人只想满足自己的欲望,而社会生活教他的是利他与慷慨;利他与慷慨是一种理想,而非一种现实。深层冲动只跟主体的自身利益相关。在这一点上,弗洛伊德赞同

19世纪的著名前辈们。他在《文明及其缺憾》里写道："人是他人的狼(homo hominis lupus)：面对生活和历史的所有教训,谁有勇气反对这个格言？[……]当反对并抑制其表现(侵犯性)的道德力量不再起作用时,侵犯性就自发表现出来,露出人皮之下的野兽,对同类失去一切尊重。"①然而,这个野兽(可我们在哪里见过野兽有这样的行为?)认可他人,只因为他人能满足他的某些冲动：要么是性对象,要么是完成艰巨任务的帮手,否则所有人都是敌人。这个有侵犯性的竞争的人,本质上是孤独、隔绝和自足的。

在这样的视野里,社会是一种解药,一种求助手段,必须缓解人人为敌的恒久战争带来的不良作用。因此,社会在道德和文明一边：社会是人为的。"不可能不明白文明大厦在多大范围内建立在放弃本能冲动的原则之上,文明大厦在多大程度上明确假定强大本能得不到满足(压迫、抑制,或其他机制)。文化放弃支配人际社会关系的广泛领域。"②因此,文明和野蛮(冲动的满足)之间有恒久冲突。"由于原初的敌对关系使人反对人,所以文明社会总受到被摧毁的威胁。"③天性由个人

---

① 弗洛伊德(Sigmund Freud),《文明及其缺憾》(*Civilization and Its Discontents*),伦敦：Hogarth 出版社,1961 年,第 111—112 页。

② 弗洛伊德,《文明及其缺憾》,第 97 页。

③ 同上书,第 112 页。

的本能造就;社会生活是一种文化习得,因此,个人在进入社会之前就已经存在。康德所言正是此意:"就是在那里(共同的生活里),最早从粗鲁状态迈向文化的脚步才真正开始,文化存在于人的社会价值最深处。"①社会性每一次都被化约为自然人缺乏的道德。

人类最初是孤独的个人,其中的隐含意义可以解释弗洛伊德最有影响力的一些观点,比如"最初的自恋"。巴林特告诉我们,弗洛伊德在这个理论上犹豫不决,一会儿假设"在源头上"有客体关系(即与他人的关系),一会儿有自我情欲,一会儿有自恋。但在最终确定的后来成为精神分析正统的综述里,他断言人的原始状态以"跟周围的人毫无关系"为特征,这是严格意义的"无客体"②状态。力比多本来完全属于主体;只是自恋的力比多渐渐转变成恋客体的力比多。弗洛伊德式人类学的这种隐蔽做法还可以从精神分析创始人赋予"俄狄浦斯情结"以决定作用上看出,主体欲望跟敌对和仇恨关系纠缠在一起,无法厘清。这样的联接关系,不论个体演变,还是族群演变,一直都被弗洛伊德以及正统心理分析师当作最主

---

① 康德,《普遍历史》,第 6 页。

② 拉普朗什和彭大历斯(Jean Laplanche and Jean-Bernard Pontalis),《精神分析辞汇》(*The Language of Psychoanalysis*),纽约:Norton 出版社,1973 年,第 256 页。

要的参考中轴。在《图腾与禁忌》里,谋杀原始父亲被认为人类的最初时刻。所有不能化约为俄狄浦斯的,都被称为有失偏颇,所谓"前俄狄浦斯":只是为决定时刻的到来做准备而已。跟黑格尔一样,弗洛伊德假设:最初是斗争,殊死的战斗。

对弗洛伊德持异议的学生阿德勒不断重复的图式令人有启发,他想告诉大家,人比经典精神分析里的人更"有社会性"。他的情况很有意思。我们可以看到,一方面,阿德勒那里的孤独且自私的人,常被用尼采式的词汇阐释。每个人都受制于一种"对权力的急切渴望"[1],唯一目标是"获取对外部世界的控制"。[2] 生活只是"以成功为目的的斗争"[3],以及"人的整个行为是被一个目标所决定的,这个目标不是别的,正是指向高人一等、权力和击败他人的胜利"。[4] 在这样的视野里,他人只是需要消灭的敌人或潜在的奴仆。

同时,阿德勒注意到人类行为的另一个方面(也许从此可以看出他受到社会主义信念的影响):合作行为不属于敌对关系,也不能化约成为了共同对付一个势优者的阴谋,而是属于

---

① 阿德勒(Alfred Adler),《理解人性》(*Understanding Human Nature*),纽约:Greenberg 出版社,1927 年,第 64 页。

② 阿德勒,《社会利益》(*Social Interest*),纽约:Capricorn Books 出版社,1964 年,第 97 页。

③ 阿德勒,《社会利益》,第 239 页。

④ 阿德勒,《理解人性》,第 161 页。

新生儿朝向母亲乳房的运动。阿德勒不愿像康德那样把这个运动阐释成对自由的肯定，也不愿像弗洛伊德那样阐释成侵犯行为。"很容易理解新生儿的最初行为，吸吮母亲的乳头是合作行为，而非弗洛伊德因为自己预设的食人理论，而认为是先天性虐倾向的证明。其实，这个行为对母亲和孩子都有好处。"①当他观察妇女的行为时（阿德勒也有女权主义信念），他无法确认他的权力渴望理论。"从总体上说，要应对不安全的生活，除了寻求力量，至今没有别的解决办法。也许该思考是否仅有一条通向生活安全和人类发展的最好之路，这要从妇女生活结构中学到东西。"②他在思考人类历史的时候终于发现，问题从来不是孤立的个体。他在《理解人性》里写道："集体的存在先于人的个体生活"；在《生活的意义》里写道："整个人类历史都找不到孤立的主体。"③

但怎样调和分歧这么大的两个论断呢？在这里，阿德勒也没有创新；区分现实和理想让他进行了美妙的联接。敌对关系是天然的，合作是文化的（他忘记了，在别的哺乳动物身上，幼崽也吸母亲的乳头，而且动物也知道合作）。《理解人

---

① 阿德勒，《社会利益》，第 214 页。

② 阿德勒，《生命的意义》(*Le Sens de la vie*)，即《社会利益》的法文版，Payot 出版社，1991 年。

③ 阿德勒，《理解人性》，第 28 页；《社会利益》，第 283 页。

性》里有一段话明确指出先前观察的重要性:"人类文化的历史没有哪个生活形式不是在社会中进行的。"①同样,母亲和孩子的关系更应代表文明的原型,而非整个人类生活的胚胎:"或许我们应该把人类社会情感的大部分归功于跟母亲的接触,其中有人类文明的本质基础"②(阿德勒在此重提巴霍芬跟弗洛伊德相似但遭到弗洛伊德反对的观点)。

阿德勒认为,人类生活被两种冲突运动主导:一方面是对力量的渴望和对优势的追求,另一方面是人类相联的情感。一方面是孤独,另一方面是合群;一方面是(恶的)天性,另一方面是(善的)文化;一方面是恶的利己主义,另一方面是善的利他主义。因此,作为治疗师和矫正师的阿德勒竭力推动世人接受可概括为其理想的人类共同体情感(mitmenschlich-keit)。因为即便没有人见过社会缺席,社会也不是自然形成的,社会是治疗个体原初弱点的药。人"尚未强大到能够单独生活",阿德勒重复卢梭的观点,说从这点产生了"不得不共同生活的制约"。③

阿德勒还发现,心理现象的两个方面都具有社会性,一个是类似关系,另一个是毗邻和互补关系("对称"和"不对称"的

① 阿德勒,《理解人性》,第 28 页。
② 阿德勒,《社会利益》,第 221 页。
③ 阿德勒,《理解人性》,第 28、120 页。

关系)。他不愿多思考"恶的"社会性(即不道德);可说到自负,他觉得受束缚,又用上蒙田式的道德家腔调:"自负是对人类联接情感的偏见。"[1]但自负若不是狂热追求他人目光的认可,不是一种社会情感,那又是什么呢?

阿德勒对心理学理论的重要贡献之一是发现并描述了可能导致"自卑情结"的"自卑情感";在此可以找到在总体理论中同样存在的矛盾和障碍。是什么呢? 根据阿德勒的观点,"自卑情感是孩子的特点,因为跟任何人一样,孩子渴望主导身边比他优越的人"[2];然而,这在孩子的年龄不可能:"因为在成年人的环境里,每个孩子都会感受自己个小体弱,认为自己力量不足,低人一等。"[3]除了这个总体原因,还有可能发生的身体畸形,这一切都让自卑感在身上扎根,只有长大到成年,也就是拥有力量,即便力量已被人类共感冲淡,这时自卑感才消失。

但说孩子因父母强势而感到受挫,这就不是真的了,只需要观察孩子便可知道。青少年会因为强弱等级的差异而难过;他在兄弟姐妹面前感到自卑的话,可以去找他的游戏玩伴。但在父母面前,他提出的完全是另一种要求:要求被父母

---

① 阿德勒,《理解人性》,第 194 页。
② 同上书,第 70 页。
③ 同上书,第 70 页。

的目光和语言认可;他愿意模仿父母,而不是跟他们作对。新生儿需要他人(母亲)而生存,而孩子需要他人(父母)而存在,就是说,通过他们给予的认可来意识自我,即便当孩子对父母说,我是最强的! 孩子也并不渴望强于父母,而渴望他的存在得到认可,他的价值得到确认。这只有他人能给予他,比战胜对手更为重要。阿德勒使用敌对,即相似,阐释父母和孩子的补充关系的特点,将成人之间的常见情况投射进了孩童的世界。

但在谈及特殊案例时,阿德勒背叛了自己的理论。他说被溺爱的孩子寻求"在父母的目光里闪耀","把父母的注意力固定在自己身上","让他人更照顾自己"①等等。对力量的渴望和对优势的欲求都跑到哪儿去了? 观察尽管公正,但仍做不出理论表述。他选择的理论框架没有为观察结果留下空间,《理解人性》里的一句话尤能说明问题:"从生命最初的日子开始,孩子身上就出现了让自己出风头和强迫父母给予自己所有注意力的倾向。我们看到在他身上体现自身价值的冲动苏醒了,在自卑情感的影响下,冲动将使孩子自立一个目标,将来要超越周围的人。"②阿德勒观察到认可、关注、"声

---

① 阿德勒,《理解人性》,第 40 页。
② 同上书,第 72 页。

望"的需求,却把自己的直觉关进了力量冲动的糟糕模子里。

阿德勒的观察是正确的,但要用另一种话语来翻译。他看到的孩子的状况并非孩子的劣势,而是构成性**缺陷**:孩子一开始需要他人,不仅为了生存,而且为了存在,他需要父母的温度、气息、声音和目光,而后渐渐更加需要他们的言语;这并非一个已能自理的主体所选择的方式,因为他发现独自一人无法达到目标! 然而,原初的缺陷永远不能被完全弥补。孩子渐渐长大,学会自己肯定自己的存在;但这并不意味在成人后长时间没有他人关注的时期里,他可以完全不需要他人的目光。

在这一点上,阿德勒比他自以为的更忠于弗洛伊德,其实仍属于拉罗什富科的传统:人是自私和孤独的,必须激励人变得合群和慷慨。别的人(有意或无意)选择延续爱尔维修的传统,把所有关于道德的思考放在一边。在乔治·巴塔耶的《献给萨德思想的情歌》中找到这些论述并非偶然。正如布朗肖(在此引言极多)和巴塔耶阐释的那样,萨德把人的孤独这一想法推至前所未有的高度。根据布朗肖的说法,萨德的一切想法皆建立在绝对孤独的首要事实之上。萨德用很多方式重复说,"自然让我们生于孤独,人和他人之间没有任何关系"①

---

① 巴塔耶(Goerges Bataille),《情色论》(*Eroticism*),旧金山:City Lights 出版社,1986 年,第 167—168 页。

（布朗肖的话节选自《洛特雷阿蒙和萨德》）。"真正的人知道他孤独，且接受孤独。"①巴塔耶同意道："以他（萨德）为代言人的孤独者丝毫不考虑同类人。"②正因如此，必须感谢萨德"给了我们一个人的忠实形象，在这个人面前，他人再也不算什么了"③。

可是我们知道，生活中的萨德对待自己与他人的关系根本不是漠不关心的，巴塔耶也乐于指出这个悖论：作者努力向他人（读者）说明他人没有意义！他还认为，既然孤独（监狱）强加于萨德，萨德就想把约束扭转为自由选择。另一方面，巴塔耶完全知道合群性是人类先天的，他不是不知道"如果我们隔断他人与他以及他与他人建立的联系，每个真实的人的事实结构都是无法设想的。没有相互依赖，人类生活根本不可能发生，但人的独立永远比受限于相互依赖更好。"④可巴塔耶也认为，在对人的认识上萨德的贡献极为重要，其作品里的人的形象大体也是忠实的，所以萨德有了决定性的发现。如果为了说明需要而真把人的构成性特征当成次要问题，萨德怎么可能有这样的发现呢？

① 巴塔耶，《情色论》，第 172 页。
② 同上书，第 180 页。
③ 同上书，第 167 页。
④ 同上书，第 168 页。

之所以有这个新悖论，是因为巴塔耶的思想是二元的，在他看来，人是双重的。"人的生活由两个异质的、永远不统一的部分构成。一部分是理智，意义是有用的，因此隶属的目的是给予：这部分出现在意识。另一部分是主宰，[……]它尽力逃避意识。"①一方面，正常人的普通生活构成中有工作、为孩子操心、友善真诚、理智、意识、语言、秩序、实用、文明，但也有焦虑和怯弱。另一方面，有疾病(也是人的定义部分)、过激时刻、杀戮和无情折磨别人的需要、野蛮、无意识、笑、静默，但也有激情、奢靡、情色。萨德的功劳是让这些通常闭口不语的部分以及暴力说话。正因如此，必须认真听他说，我们的社会生活压制暴力，然后暴力压制了我们；这次终于能看到揭开的面孔(在萨德的作品里)，我们别闭上眼睛。

用以描述人的暴力特点的术语主宰尤其重要。古人的主宰是君主，意为无任何障碍地限制他人的权力。但是，只有文学才能考虑一种真正绝对的主宰(生活中总是要妥协的)，先锋者正是萨德。然而，主体的主宰发展了，意味着消灭所有其他主体，他人消失或沦为奴隶：他们的意志被工具化或异化。在主宰看来，他人分为两种：一种是像他一样的浪子，一种是屈服的牺牲者。他给予牺牲者的任何认可都将限制他的主宰

---

① 巴塔耶，《情色论》，第 193 页。

权力。"承认他人价值的人必然会限制自己[……]跟他人团结会妨碍人具有主宰态度。"①萨德的教导与黑格尔的思想在此会合。

我们可以感谢萨德、他的信徒以及现代阐释者布朗肖或巴塔耶,因为他们承认了人身上的暴力,而非虚伪地在其面前闭上眼睛。我们还可以自问,萨德的独创性是否像人们所说的那样彻底激进。但这也无法告诉我们暴力占有的位置,以及它在人的心里头起什么作用:它是否是人的两极中的一极,侵入整个无意识、激情和情欲,或它仅是一种手段而已,为了达到我们有意识和看似理智的行为,以及我们跟工作和家庭的关系所瞄准的目标?

尽管巴塔耶本人很警惕,但他不认为人的独立妨碍人的相互依赖。同布朗肖一样,巴塔耶认为本质的人不需要他人。如果他人介入,必须找出原因。当布朗肖和巴塔耶倾向尼采时,便说原因是人的羊群般的怯懦、软弱(布朗肖说:"他[真的人]继承 17 个世纪的软弱,但跟他人的一切关系,他都一概否定"②;巴塔耶说:"他一个人,永远不进入他人用共同的软弱情感联结的关系中"③,这些关系只来自共同的软弱)。当巴

---

① 巴塔耶,《情色论》,第 171 页。
② 同上书,第 172 页。
③ 同上书,第 180 页。

塔耶要为常识(人本主义)找个好理由时,他说,寻求他人出于团结和尊重他人,似乎慷慨的情感详尽包揽了社会的相互依赖形式。但在这两种情况里,人,甚至完美的人,纯粹状态里的人,是不理会合群与否的;人际关系里的人需要一个解释:他只在面对困难时突然出现。

如果拒绝用重言式否定他人来定义主宰,就可能会把主宰阐释成享受权力。可是权力能独自享受吗?如果我否定他人的一切价值,那么,凌驾于他人之上并不能给我带来享受。所以,彻底否定他人,是取消而非加强了主宰:这正是黑格尔乐于探索的悖论。巴塔耶得出同样的结论,不过使用了更迂回的路径:他设想,摧毁行为让主体兴奋,最终触及他自己,彻底的萨德式的人无法躲过自己对自己的打击,反而暴露自己是受虐狂。"从萨德引入否定他人开始,可以奇怪地发现,无限否定他人,到了顶峰就是否定自己。"①但这种自我否定一点都不奇怪,而且远远早于极端否定他人;否定他人和否定自己是同时开始的,因为没有他人,人不存在。绝对的暴君绝对是不幸福的;黑格尔说,主人的道路是一条死路。真正享受孤独时,我不需要任何目光,可能还有将他人沦为虚无,而自己不受处罚的能力;但这些不能揭示人类状况的真相。孤独只

---

① 巴塔耶,《情色论》,第 174 页。

是社会互动的特例，并非其反面，其反面不存在。

巴塔耶的人类二元论也求助于经济模式。"情色行为对立惯常行为，正如开支对立收入。如果我们的行为举止遵循理性，我们就会尝试获取各种财物，[……]会努力用各种手段致富，不断占取更多财富。[……]但在性狂热的时刻，我们会用相反方式行为举止，无节制支出我们的力量。"①偶尔开支，这一想法将成为巴塔耶的"普通经济学"的基础，他在"诅咒的部分"有阐述。作者重新发现斯密早已超越利益和激情的经典对立（迪皮伊清楚说过，斯密认为"道德和经济是同一科学的研究对象"②）。但我们能用积累财富的方式积累人的交流吗？能把爱情、友谊或工作中的互动说成企图获取而不付出吗？难道在情色激情中，从他人那里一无所得吗？我让他人热爱生活，那我从他人那里得到更大的满足：人类交流不像会计账簿里的经常项目那样分布。当耶稣对门徒说："奉献而不求回报，你将有一份好薪水"③，他显然是比巴塔耶更好的心理学家。

因此，巴塔耶的人类学停留在离群的心理学传统，接受了黑格尔的一些变体元素。本质的人是孤独的，他只因势弱和

① 巴塔耶，《情色论》，第 170 页。
② 迪皮伊，《牺牲和欲望》，第 101 页。
③ 路加福音 6:35，《新耶路撒冷圣经》

缺乏勇气而与同类相像;社会在文明和道德一边,无意识则是静默和暴力的。巴塔耶重拾传统二分法,给我们留下一幅不尽人意的有关合群性和无意识的图画。画面没有任何含糊和拖沓,从他人目光里请求认可,既非道德的(慷慨),也非不道德的(自负);它是必需的。这个人从来不独立于他人,不独立于我们周围的人。暴力并不对立于有用,因为暴力本身有用。

　　经典心理学,或类似巴塔耶的其他作者所代表的立场,今天仍然深入人心。是否可以说,离群理论肯定能统领普通心理学领域呢? 即便不谈论热内·吉拉尔说的那些总展示人对他人依赖的欧洲伟大小说家(吉拉尔所说的"模仿欲望"只是卢梭笔下的自尊的别名),我们仍然可以看到,延续至今的哲学和心理分析流派都以人的构成社会性为出发点。费尔巴哈在《未来哲学之原理》(1842)中,把人和人类社群之间的交流定义为人性。在同样的思路中,费尔巴哈采用一个非常有名的论断,说人和动物的区别在于是否有意识,也就是说,是否在精神内部有存在的投射。然而,说到意识就要说到主体间性、社群、交流。费尔巴哈和卢梭都认为,作为意识基础的存在感源自社会生活。在 20 世纪,马丁·布伯、巴赫金、列维纳斯和哈贝马斯等完全不同的作者都继续努力在哲学边缘建立一种崭新的哲学人类学——主体间性人类学(叙述语言有时极其抽象)。

在精神分析方面,离群模式支撑着多年来被质疑的弗洛伊德圣经。在此要区分两个传统分支。一个分支可以追溯到费伦齐,他质疑弗洛伊德的"父亲"取向,坚称母亲和孩子在前"俄狄浦斯"阶段已经建立关系;这个传统延续巴霍芬的"母权"假想,揭示个人生活的源头有非冲突的关系。这种趋势最重要的代表人物是两个跟"英国学派"有关的匈牙利人:艾丽斯·巴林特,专注研究"原初的爱"(母亲与孩子的爱);米歇尔·巴林特,他用"基础缺陷"概念描述"前俄狄浦斯"的精神错乱起源。

有些英国人自称"客体关系"专家,尤其是克莱因和费尔贝恩。如果回想他们说的"客体"是另一个主体(面对自我的他人),就可以说,**主体间性精神分析**其实是更准确的说法。米歇尔·巴林特强烈批评弗洛伊德把最初阶段的自恋情结看作原初的自我情欲,即个体最早的自我满足;他认为,孩子与父母的关系是当即存在的,不能仅作为羸弱个体的特征。在"客体关系"中,我们必须特别注意某些关系,该学派的巴林特或费尔贝恩认为,人类心理的基石不是联结对立和冲突的"俄狄浦斯情结",而是在更早之前新生儿和父母之间的依恋和依赖关系(艾丽斯·巴林特说的"原初的爱")。

另一个分支出自弗洛伊德主义的马克思主义批评,代表人物有弗洛姆和被称为社会文化主义女权主义批评家的霍尼,还有研究人际精神病学的美国人沙利文(30年代,弗洛姆和霍尼从纳粹德国逃到美国,并找到了沙利文)。后来加入他们的还有主张"自我"的心理学家,并且都跟人类学家建立了密切合作。这个心理分析流派的代表人物指责弗洛伊德的观点缺乏对社会交往的兴趣,主张心理分析应结合当代集权政体与民主政体下的社会形式研究。

弗洛姆也注意到弗洛伊德模式的另一方面:参照经济模式描述人的心理生活。模式可不是随意的,而是19世纪的模式,同时纳入人的孤独和基本自足。"个体在原初上是孤独和自足的,进入跟他人的经济关系只有一个目的:买卖。弗洛伊德对人类关系的构想在根本上属于同一性质:个体完全具备生理冲动,冲动要被满足。为了达到这一点,人必须进入跟其他'客体'的关系之中。因此,他人总是让自己达到目的的一种手段,以满足个体在跟他人接触之前就产生的愿望。从弗洛伊德的观点看,人类关系场域类似市场,是满足特定生物需求的交易。"[1]人类交流的这番景象,令人十分不满意。景

---

[1] 弗罗姆(Erich Fromm),《逃避自由》(*Escape from Freedom*),纽约:Holt,Rinehart,&Winston出版社,1964年版,第11—12页。另见弗罗姆,《弗洛伊德的任务》(*Sigmund Freud's Mission*),纽约:Harper出版社,1959年,第88—91页,以及弗罗姆,《精神分析法危机》(*The Crisis of Psychoanalysis*),纽约:Holt,Rinehart,&Winston出版社,1970年,第60—61页。

象有双重扭曲:一方面,这种经济学模式并不能够让人理解经济现实本身,另一方面,它强迫我们把人人关系模拟为物物关系;在人和人的交际中,主体并没有传递身外财物,爱的付出不是任何一种开支,在爱当中,付出越多,得到越多。弗洛伊德理论的多种发展即便脱离了这个总体框架(比如超我行动无法用"快乐原则"解释,也无法在与他人关系之外构想),但根本上仍是建立在几乎无法让人信服的心理享乐主义之上。

　　弗洛伊德本人的理论很少有观点能逃脱有理有据的批评,然而,弗洛伊德的威望一直维持至今,而且实至名归。这是因为,他的作品并非仅描述人类心理的假想,而且受到弗洛伊德的非凡个性,以及他强烈的生存意志(生存意志完全不属于自恋)影响,也受到他的写作力量的影响。名副其实的仰慕背后是追随弗洛伊德的理论家无法开口公开反对弗洛伊德。弗洛伊德的遗产变成神圣的教条文本,这可是明显与弗洛伊德激励自己进行学术研究的思想背道而驰:把寻求真相放在尊重权威之前,是弗洛伊德的原则,而且在生命的部分阶段,他希望自己的假想被超越和抛弃。这些作者没能依照弗洛伊德理论,联合起来杀死并共同消费父亲,却在后来被弗洛伊德的分析者所分析。即便质疑弗洛伊德体系的基础假设,但他们仍以为自己忠实于弗洛伊德。风格迥异的作者也是同样的情况,比如弗洛姆或者拉康、巴林特或者温尼科特。

不能忽视,正因为他们的努力,一种崭新的精神分析在五十年间悄然建立起来,不再像弗洛伊德研究冲动和个人,而研究关系。当费尔贝恩说出名言:"力比多并非首先寻找快感,而是寻找客体"[1],他进行了一场真正的革命:"客体"也就是另一个主体,成为人类活动(当没理由使用"力比多"一词的时候)的目的。不幸的是,革新的精神分析家当中无人能用严谨的思维写出媲美弗洛伊德的作品。

现代精神分析各分支代表人物之间一直存在分歧,不过,他们的贡献并非相互矛盾,而是相互补充的,比如,美国文化主义学派支持对认可的需求和为名望而作的斗争,而英国客体关系学派阐明孩子对慰藉和关注的需要,或者对好坏客体的摄取过程。社会学、神学或发展心理学对认识人类社会性的贡献,还可以举出很多,它们不仅研究认知获取的过程,还研究孩子的情感演变,也即关系演变。学派以及学科之间的桥梁总是缓慢且艰难地建立起来(英国人约翰·鲍比是学科融合的首倡者)。

在切入主题之前,我们还需要提出另外一个问题。审视哲学和心理学的伟大传统,以及它们所隐藏的人的面貌时,我

---

[1] 费尔贝恩(Willam Ronald Dodds Fairbairn),《客体关系理论》(*An Object-Relations Theory of the Personality*),纽约:Basic Books 出版社,1954 年,第82 页。

们必须弄清为什么它们对显著事实视而不见，默默或公开接受非常不确定的概念。关于人类起源的叙述来自唯一的意识形态，必然带上神秘色彩，为什么用它替代个体起源的叙述呢？为什么想象一个我们从来没有见过，未来也无法了解的孤独的人呢？为什么只考虑人和人之间的敌对关系，即相似性关系，而忽略他们的毗邻性和互补性？为什么把人所有的合群性都归结于道德，而把所有的不道德都归结于孤独呢？回答这些问题，肯定不是为了寻找这些作者的智识短处。可到哪里寻找答案呢？即便我无法对这些问题给出确定的答案，但我肯定，问题值得提出。以下就是问题在我身上引发的某些思考。

如果说物种起源论比个体起源论更受欢迎，种系发生说比个体发生说更受欢迎，或许部分原因在于这些作者是男人而非女人，而个体起源，即诞生与童年，很多世纪以来都属于女人的世界。描述种族是一种纯粹的猜想，描述个体属于观察，但男性描述者无法观察或者不感兴趣，而女性观察者被禁止进行描述。人们甚至可以自问，人身上是否有一种无意识的补偿欲望，因为男人无法控制生育，所以通过讲述世界的诞生来慰藉自我。可这样的原因完全不足以解释一切：同样在过去几个世纪里，正是男人在寻求撼动这种描述类型的统治地位，并且直到最近某个时刻，让人们将注意力转向个体演

52

变,转向孩子和母亲的关系。理论文章只是男性的特权。

倾向个体而忽视关系,倾向个人而忽视人际,第二个原因可以是被简单所吸引。米歇尔·巴林特发现许多学科都出现类似的这个情况:在某个时期,经济学家总是从"罗宾逊假设"出发进行推理,生物学家总是希望结构简单的有机体——变形虫——能出现在地球生物的起源当中。

第三个可能的原因是对心理学和伦理学概念的阐释,也就是说,一方面混淆独处和自私,另一方面混淆关系和慷慨。社会性往往被过度描述成先天的同情心和文明性的证据,然而,任何让我们以为人天性恶劣、自私的解释,都对我们有一种无法抗拒的吸引力。或许这就是哲学现代性的最奇怪特点:认为除非特例,恶说出人的真相。我们怀疑所有符合道德要求的断言都是纯粹的谎言,说实话,即便道德是社会性的,社会性也并非都是道德的。我们总是无视这种脱节,而老是接受人性本恶的断言,即人是自私、孤独的,以为这是大胆的揭示,独创的真理。若抗拒这样一种简约,就会立即被指责为道德主义或胆怯懦弱:不敢面对真实。

另一个尤具现代性的原因,是混淆心理类型和政治类型。我们很在意将平等作为政治理想,就把平等模式投射到社会现实。因此,当我们承认社会关系无法绕过的时候,就将它们化约为提倡平等的关系:敌对和模仿;我们在无意识中用民主的意象看待社会,如同最初的评论家笔下的民主社会:不分等级的对手之间进行无休止的斗争。波纳德对民主的想法(认为民主提倡无限竞争)被尼采运用到所有人身上。但不论哪个社会,包括民主社会,都包含了甚至比平等主义社会更多的不平等关系。如何理解父母和孩子、学生和老师、雇员和雇主、艺术家和大众之间的关系呢? 在我们的社会,平等思想无处不在,这也许能解释为什么我们青睐用经济模式作为反映人类互动的手段:把一切都变为商品,就能够消除(忽略)人和人之间的地位差异。

我们之所以盲目,最后的原因应该在自尊里寻找,在思想家、智者或哲学家的自尊里寻找。把人描述成恶类,也许让人不舒服,但如果说人认为自己无愧任何人,独自寻找真相,而不谋求公众肯定,这就让人舒服了。人们因为骄傲而宣扬离群概念的不同变体,而背负那么多的罪恶:自私、粗暴和杀害父母! 他们把自己描绘成恶人,说自己是孤独的:他们从言外之意得到的好处远足以补偿言语带来的麻烦。背负罪名,他们就能遮掩构成性缺陷,表现成自己命运的主人。他们可以承认一切,就是不承认依赖和需要他人;他们把与他人的关系当成纯粹可有可无的选项以达到目的。这样,理论的内容保障了理论宣扬者的价值。

第二章　生存、活着、存在

超越死亡冲动

今天在讨论人的心理结构时,很难不参照弗洛伊德的概念:曾经离经叛道的思想变成了今天的正统,弗洛伊德式的术语进入了日常,人们不得不从其术语出发。可是要知道,弗洛伊德理论的总体论述在最初表述和最后总结之间经历了显著改变。最早,弗洛伊德其实明确了主导人类行为的两组冲动,自我保存的冲动(导向自我)和性冲动(导向他人)。正如他不忘指出的,他只是重拾了一项悠久的传统:席勒的一句诗说,爱和饥饿领导世界(在弗洛伊德看来,饥饿最能说明自我保存);康德呢,也把人类本能化约为两个,"爱生活和爱性,第一个为了个体的保存,第二个为了种类的保存"①。

多次临床观察和深入思考并没有让弗洛伊德抛弃这个传统区分,而是缩小它的范围,并且把它当作简单分支,包含到成为当今主流理论的阐述中。因为弗洛伊德发现了自恋,并坚信自我保存类同于自爱,因此,只需给爱这个词(或"爱欲",或"力比多")足够大的外延,爱的两种变体就不再明显对立。可这样的统一本身让弗洛伊德不舒服,他形容自己是"二元论者",总是二元对立地进行思考。二元对立因此达到另一个水平:"情欲"作为冲动整体或生命冲动,现在对立于死亡冲动,死亡冲动也称为"涅槃原则"(弗洛伊德年轻时用过"惯性原则"的表达)。

当然,并非只有结构性原因(进行对立的必要)推动弗洛伊德(在《超越快乐原则》里)引入死亡冲动的概念。积极和基本的原因主要有两个层面。首先,弗洛伊德观察到某些重复的现象,包括让人深感不适的情况,无法用寻求快乐即用生命冲动来解释。第二,他仍旧承认不能总用性来解释侵犯和破坏的行为,包括违背自我和反对外部世界,即他人。性变态的称法让人立即联想到性受虐和性施虐,弗洛伊德认为,这实际上只是次要结构,只是性冲动和死亡冲动的组合;某种程度

---

① 康德,《人类学》,第143页。

56

上,背后有一种原始的虐待狂(非性的)和一种原始的侵犯性,一种自我和他人的摧毁。"因此,我们可以把已经承认存在的本能分成这样两组:情欲冲动,总倾向聚集更多的活性物质,以形成更大的单元,还有与此对立的死亡冲动,将活性物质带回到无机状态。生命现象,死亡终结生命的现象就是源自它们的竞争和对立。"①

但人们会问,这个新概念的两个积极源头,即重复倾向和侵犯性,是否属于同一个过程。可以看出,弗洛伊德后来出现术语浮动,拉普朗什和彭大历斯在《精神分析辞汇》里很好地做出了标识。阐释重复时,是实体逐渐沦为虚无(将实体拉向侵犯性),还是实体维持先前状态且有区别呢,弗洛伊德犹豫不决。"他建议的定义,"拉普朗什和彭大历斯说道,"总有一种含糊:倾向绝对简约和倾向恒定都被认为是等同的。"②所以,弗洛伊德谈到"摧毁"和"保存"时似乎认为它们是近义词;在许多系列的术语上,他都犹豫:惯性原则和涅槃原则指向简约;恒定原则(也许作为费希纳的"稳定原则"的响应)、指向热力学第二定律的动态平衡,都让人想到维持、静止平衡和同样重复。

---

① 弗洛伊德,《精神分析引论》,伦敦:Hogarth 出版社,1964 年,第107 页。
② 拉普朗什和彭大历斯,《精神分析辞汇》,第 346 页。

所以，如果保持这两个成分的分离而不将它们混合，就不是真正离开弗洛伊德的思想。每个人心底也许都有保持跟自我一致和保持静止的冲动；无限重复已经存在的东西。可为什么仅仅谈论人类呢？这同一趋势不是在所有人，甚至所有物质里都起作用吗？斯宾诺莎在他著名的命题里似乎就是说物质的这一特性："每个事物都努力恒久生存。"①但这个恒久，这个生存倾向，不是生命。它也不是死亡，即按弗洛伊德的想法从有机物过渡到无机物，可是它有一个病态特点，即确信活体属于惯性物质。没有从一个到另一个的过渡，却有无机元素在有机体里的表现，或曰同一物质的表达。放任自我矿物化（每个人都认为其为心理状态），着迷于虚无，的确是一种病态行为，但其本身并不意味任何的积极摧毁和攻击性。

现在转向后者，我们可以首先发现，何为攻击，要根据受侵犯者相对侵犯者的位置。最常说的情况暗指侵犯者和被侵犯者之间的某种相似性：我们为了得到同一个东西，同一种青睐而成为对手，我攻击他人，是为了最先（仅我一人）占有觊觎的位置。侵犯，在此只是服务于寻求认可的手段：消灭对手。说到巴塔耶的时候，我们隐约看到另一种攻击，即对劣势者的

---

① 斯宾诺莎(Benedictus de Spinoza)，《伦理学》，伦敦：J. M. Dent 出版社，1910年，第91页。

攻击:寻求认可在其中并不缺失,尽管它的形式是矛盾的,因为他人的屈服,乃至肉体毁灭,成为我亲眼或在第三人眼里见证自己的主宰能力的手段(拷打者和凶手的快感)。第三种攻击形式更直接关乎寻求认可:我把攻击引向潜在的认可持有者,比如我的上级,报复他们拒绝给予我认可。示爱遭拒而报复的人、击打粗心父母的孩子、撞向老师的坏学生、辱骂行善者小气的穷人,都是在进行攻击。

攻击的第四种形式乍看来可能很不同:自我攻击。能否把自我攻击看作找寻认可的迂回方式呢?不存在一种原初的和不可化约的虐待狂吗?这个问题值得仔细思考,但已经可以观察到的是,孩子故意伤害自己以引起父母的注意,用这一举动直到自杀,来告诉世人他缺乏爱。自我摧毁的举动常常属于跟他人互动和要求认可。攻击性,或摧毁冲动,完全可能不是孤立的,只是我们寻找满足感时心理借用的途径而已,跟别的时候一样。

人们还会问,解释我们行为的证据是否无力。随意假设在行为源头有一种"冲动"或一种"本能"作为充分原因,说"攻击冲动"解释了我们的攻击性,就像用"睡眠本能"解释我们的睡眠依赖。在此,我再提弗洛姆的结论,但排除重复冲动,仅限于攻击冲动。关于生命冲动和死亡冲动,他写道:"它们不是两种先天的生物力量对抗,持久相斗,直到死亡冲动最终胜利,而是生命本质所在的趋势[……]与源自个人努力失败的对立面之间的冲突。从这个角度看,'死亡冲动'[……]属于心理疾病,而不是弗洛伊德认为的正常生物现象。"①

攻击和仇恨的冲动在本质上并非异于弗洛伊德所说的生死、性和自我保存、"爱"和"饿"的冲动。但人们现在会问:如果从认可的观点看,这些表达方式是否又掩盖了同质现实呢?我们身上肯定有种类生存和繁衍的本能,不是通过抓住他人目光得到满足,肉体快感有一部分的满足也不通过目光——从狗的性行为也可以观察到。但很显然,在爱和情欲的宽阔领域里他人的存在起构成性作用,不能化约为这样的满足。再说了,也许是饥渴促使我们吃喝,但饥渴只是非常不完整地解释我们盘子、碗和杯子里的东西:我们吃这个喝那个,根据我们的道德、社会和家庭的传统,按照不同食物的社会价值,并且要考虑我们身边的人。

换种说法,我们的"生命冲动"有两个组织水平:一个跟所有活的有机体一样,我们都要消解饥渴的需要,寻求舒适的感觉;另一个建立在我们原初缺陷和社会属性上,是人特有的:个体之间的关系。维克多·雨果说:"动物活着,而人存在",

---

　　① 弗罗姆,《人心》(*The Heart of Man*),纽约:Harper&Row出版社,1964年,第50页。

我们也可以用这样的词,把第一个层次称为"活着",第二个层次称为"存在"。

从弗洛伊德对生命冲动和死亡冲动的区分出发,我们得到三部分:生存、活着和存在。生存冲动,我们跟别的物质都有;生命冲动,所有活着的动物都一样;而存在冲动则是人特有的。

三个层次

不应把人化约为特定的人。人首先是物质的客体,这个属性决定了人的某些举止。他同时又是活体,具有动物的特征,这解释了第二组行为。但跟任何活体不同,人存在于社会,有他人陪伴。在普遍层次、动物层次和社会层次中,总能找出几个边界案例,但不能因此将一个层次化约为另一层次。

第一个界限在于生存和活着之间,稳定和变化之间,认同和改变之间。生存冲动的极端表现是消沉、严重沮丧、自我迷失;但是,被此冲动影响的行动更让人有共同的感受。谁不记得曾经感觉自己变成木头、石头、水泥,整个人似乎矿物化,对什么都提不起丝毫兴趣,懒得动弹,或只按习惯动弹一下而已,他人不存在了,进食而非用餐,观察力熄灭了,面对无法抗拒的昏沉,自己成了案板上的鱼肉? 这种慵懒,肯定不会让人丰富,也不是人的需要;慵懒在我们身上起着令人放心的效果,即便作用实际是消极的。悖论在于,这是我们唯一且即刻体验的无限和绝对:参与其中的只有虚无;活着的总是短暂建构,必然是有限、部分和相对的。

这个状态的一个更积极的版本,是进行强迫性和机械性的行为,重复过去已完成的一连串没有意义的动作。很长的日子里,这态度似乎覆盖整个存在:修剪花园的篱笆、打扫房屋或汽车,整理东西,即重建一个原本不变的秩序,重新把玩每件藏品。原样繁殖也是跟生命背道而驰。细致观察人类行为的莫瑞兹在小说体自传《安东·莱泽尔》中写道:"周而复始地回到同样的事实和同样的状况,似乎最能束缚人的冲动"。①

最后还应考虑一种更加积极的存在冲动:冷漠对待周遭世界的冲动,在宇宙中解体的冲动,感觉自己像生长的小草,像阳光下闪烁的石子的冲动。卢梭在著名的《第五次散步》里向我们讲述这类经验:静止和重复的状态让我们忘记人的构成性缺陷(动物和植物实际上都没有这个构成性缺陷)。"在这种状态里,灵魂可以找到足够坚固的碟子,把自己整个安放

---

① 莫瑞兹(Karl Phillip Moritz),《安东·莱泽尔》(*Anton Reiser*),伦敦:牛津大学出版社,1926 年,第 404 页。

其上,集聚整个的存在,而不需要回想过去,也不需跨向未来;在这样的状态里,时间没有任何意义,当前一直持续,没必要标注持续时间,也无任何交接痕迹,感觉不到失落或享受,快感或痛苦,欲望或恐惧,只感觉存在,而只有存在感能将整个人充实。"[1]把人性清空,可以到达"足够的、完美的和充实的幸福,不在灵魂里留下灵魂感到需要填充的任何虚空"。[2]

但很清楚,这种感受对应人性缺位,并不准确覆盖卢梭在别处说的存在感;此处谈的更应是活着的感受。可以认为,靠近这个态度的有各种状态,比如佛教的解脱、斯多亚主义的脱俗、基督教的寂静(它们都暗指接受世界的本来面目,放弃让世界变成如我们所愿的样子)。如果跟宇宙和谐融为一体,我就没必要在我的生存需要和人类共存之间留一个特殊位置。在此,宇宙充实替代社会缺陷,我的存在感跟蝴蝶、花,或者海浪的存在感有延续性。

第二个重要边界隔开活着与存在,它被许多思想学派否定,可以称为生物学派。叔本华为弗洛伊德提供了很大的灵感源泉,也曾经是口才极佳的生物学家代言人,比如,他写道:"动物本性是我们存在的基础,因此也是我们幸福的基础。对

---

① 卢梭,《孤独漫步遐想录》(*The Reveries of a Solitary Walker*),纽约大学出版社,1979年,第68—69页。

② 卢梭,《孤独漫步遐想录》,第69页。

于安逸,最本质的是健康[……]。不管附加怎样的价值,荣誉、荣耀、伟大都无法跟作为本质的物质竞争,也无法替代物质[……]。所以要及时认识到这个简单事实,每个人首先要生存,并且实实在在地过自己的生活,而不是活在别人的看法里,这对我们的幸福非常重要。"[①]用同样的方式,叔本华的爱情心理学简约为物种繁衍的需要,这非常有争议:人也许首先为自己而活,但他只是通过他人的目光才开始存在,而没有存在,生命将熄灭。我们每个人都诞生两次:在自然里、在社会里诞生,这两次都很脆弱,但面对的危险不一样,人的确是动物,但不只是动物。

在生物学家的视野里(生物性对于人类生命既是基础,又是目的),可以承认人在幼年就已存在人际关系,但这种关系被认为是工具性的,是为了得到其他事物而建立起来的:孩子的确需要母亲,却只是为了填饱肚子。这样的观点接着用所谓的快乐原则解释人类行为。但享乐主义概念并不比经济决定论能更好地解释成年人生活中的心理选择。费尔贝恩的伟大在于宣称:欲望不是找寻快乐,而是找寻关系,与他人的关系不是手段(比如填饱肚子、享受性快感),是我们为了保证自

---

① 叔本华(Arthur Schopenhauer),"人生的智慧",《叔本华随笔集》,纽约:A. L. Burt Company 出版社,1902 年,第 42 页。

己的生存(快乐本身也可以成为建立关系的手段)所追寻的目标。费尔贝恩观察到被父母虐待、打骂、折磨的孩子从不愿意离家出走,怎么解释呢? 难道要提出"受苦冲动"? 当然不。其实是因为相比陌生人的抚摸,孩子更愿意接受父母的拳脚:拳脚是一种认可的(痛苦)形式,而陌生人的抚摸根本不能加强孩子的存在感。

把"社会"需求比作诸如饥饿的生理需求,直到今天仍是很常见的做法,但深深地将人引向歧途:把与他人的关系描述成与事物的关系。我能够得到某个物体:它首先在远处,现在在我旁边。如果吃一个苹果,苹果就不在了,我把它完全变成被我身体吸收的食物。可在我跟一个人的关系中根本不可能出现类似情况(当然,除非把人变成物体,很遗憾今天还有很多这种实践,但如果这样,这个人就不能再确认我的存在);从这个人身上得到乐趣,并不意味着要摧毁他,把人内在化时,我并没有降低人的自主性。在此,被交换的东西像我们手手相传的物品,不能够脱离交换的过程;我所欲求的,明确说是关系,是爱、慰藉、认可,而不是这种关系能带给我的东西。他人永远无法像往罐子里倒液体那样,让我充满快乐(认可)。

生活冲动的满足和存在冲动的满足,二者可以并行完成,我们甚至难以区分它们。其中一个的满足也可以阻碍另一个的满足,但不能确定我们像叔本华以为的那样偏爱生活甚于存在。人们经常放弃感官愉悦、食物和性快感,而寻求"象征"的快乐,即他人的赞同或自己部分意识的认可。还可以做得更过分,故意让身体不适,以获得道德净化:不进食、衣着粗鄙或鞭打自己,让自己的肉体受苦。大体上,这些情况没区分得这么清楚。莫瑞兹描述他的主人公的行为:"安东真的在阅读里找到快乐了吗? 不管怎样,被唱诗班的指挥看到他这种态度,他毕竟感到深深的满足。从中可以看到他的自负倾向。尽管阅读不是他不在乎的事,但阅读的样子对他来说,比阅读本身更重要。"[①]

　　分隔活着与存在的界限也将人与动物区别开来。当然,真正的界限并非想象的那般隔绝;在最低层次上,人像动物一样活着,动物也像人一样存在。小猴子像小孩子一样需要保护、安慰和鼓励。猴子在追求异性时会互送"秋波"。目光对望,这对很多动物意味着威胁,种群首领只需要盯着年轻肇事者就可以让它回到原先的屈从位置。家养动物会故意寻求人类的认可。我们还可以找到人通过目光实现社会共存的很多例子。共存时刻正让我们想到,人类特点局限于时间,且作用有限:大多情况下,生活赢了存在,而相反情况对人类才是真实的。人类意识不是从虚无中突然出现,而是被动物生活的

---

① 　莫瑞兹,《安东·莱泽尔》,第 145 页。

形式准备着。尽管如此，胚胎状态和发展状态不应该被混淆。

存在需要永远不会被完全满足，没有任何共存经历能让我们摆脱新的共存需要，所以，构成性缺陷的原因不在于欲望个体不可避免的社会化过程。个体，从根本上说是孤独的，原因其实是无限需求及其必然为部分和暂时的满足之间的不平等，此需求在我们的身体出生后不久就出现，在临死前的无意识中才熄灭。生存的认可，是一切共存的前提条件，是灵魂的氧气：正如我今天的呼吸并不能花掉我明天需要的空气一样，过去的认可不能再满足当前的我。只是因为天真或者恶意，我们才试图安慰那些抱怨没有得到认可的人，让他回忆昨天的成功；结果适得其反，回忆更残酷地让他感受今天的认可缺失有多大。去年的冠军往往抱怨没能填补今年空出的桂冠位置。我能降低要求，为自己创造次要的(甚至更次的！)补偿办法，但不管我得到多少认可，我都根本无法放弃新的认可。将认可需要和呼吸需要做比较，并非完全没有道理，我们在很多风格迥异的作者笔下可以找到这样的比较。莫瑞兹讲到每个存在所具备的自我形象时说："自信是我们道德生活必不可少的，正如呼吸对我们的身体活动必不可少"[①]，但自信主要是他人对我产生的积极印象，也是我必须内化的印象。他人对

---

① 莫瑞兹，《安东·莱泽尔》，第149页。

我来说如同空气，巴林特这样说，对我的外在和内在而言，如大气在我之外和在我肺里，都一样难以察觉：我只有在缺乏它时，才知道它对我如何重要，被剥夺了共存，就是让人窒息。在没有任何认可的时候会出现焦虑，就像心绞痛带来的胸闷和窒息等身体症状，这种焦虑会扼住我们的喉咙；受到压迫的时候，肺部似乎不愿意再膨胀了。

缺乏认可的物理条件是孤单：如果他人不在场，我们肯定不能捕捉他人的目光。但比身体孤单或许更痛苦的是，生活在他人之中而得不到任何示意。詹姆斯在描述社会"自我"时说得好："人的社会自我是从同类那里获得的认可，我们不仅是群居动物，喜欢有同伴在身旁，而且我们还有接受同类赞许的先天倾向。没有什么惩罚比被社会抛弃，且完全被社会成员忽略更恐怖的。"①陌生人、边缘人或者被排斥的人，他们的境地能让我们了解这个情况。斯密已经发现，穷人就是那些没人注意，并且在同胞眼里无法生存的人。"穷人进进出出没人注意，跟大家一起时，他就处在黑暗之中，跟待在他简陋的屋子里一样。"②"隐身人"是埃里森在描述美国黑人时使用的经典词语。"我是隐身的，要知道，就因为人们拒绝看我。

① 詹姆斯(William James)，《心理学原理》(*Principles of Psychology*)，哈佛大学出版社，1981年，第281页。

② 斯密，《道德情操论》，第51页。

[……]你们常常怀疑你们的存在。[……]你们需要说服自己是存在的,真正存在于真实世界,你们被这个需要吞噬了[……],你们咒骂连天,你们发誓要让他们认可你们。"①

老年人生命力量减弱,生存力量也在减弱,首要原因是孤独在增长。维克多·雨果写道,"我已经因为孤独开始死亡":老年人的社会存在逐渐"脱离"其所属的关系网,存在能在生命结束之前熄灭。烦恼成为他们生活的主要经历,往常给予认可的那些人一个接一个地消失(这是自然选择),而接替他们的新生代对老人没有任何兴趣,老年人也对他们不感兴趣(这是自愿选择)。他们不需要老人,老人也不需要他们,即便存在冲动仍在维系。

"濒死者的孤独",这特定的现代说法说的是老年人,诺贝特·艾里亚斯说:我们害怕死亡,所以也害怕一切让我们联想到死亡的东西,我们情愿让目光离开那些过于容易让我们联想到死亡的人。把老年人关进敬老院,老年人只看到其他的老年人:我们摆脱了麻烦,但他们却只得到残缺的存在感,在这样的地方,他们看到的并非生命中重要的人,而是陌生人,跟他们相似的没用的人。孤独累加并不能创造出社会。还有

---

① 埃里森(Ralph Ellison),《隐身人》(*Invisible Man*),纽约:兰登出版社,1952年,第3、4页。

医院,现在大部分老年人在医院走向生命尽头:医生在医院治疗老年人的身体器官,而非他们的存在;人们努力延长老年人的生命,而非他们的存在。老年人孤独地死去,存在已经先于生命离开了他们。

个人起源

物种起源我们不得而知,个人起源却每天都在上演:孩子的成长。现在我想专注讨论孩子的演变,给大家做番"理想化"的叙述:这种叙述建立在当代心理学家已简化并普及的观察之上。存在是如何突然出现的呢?不可化约的基本社会交往是什么样的呢?这些问题没有统一的答案。心理学家和儿童心理分析师总是对自己的发现感到惊讶,并把结论应用于所有儿童的行为,他们说,如果一切不全是侵犯,那么一切都是爱,或者是关注,或者是安慰,或者是照顾。每个词都可以描述父母跟孩子的总体关系。我们会问,除了对同样的事实做出不同的解释,是否应该把某些情况跟另一些情况进行比较。我们应该比较事实,而非对同样的事实进行阐述。这样的任务并不容易。

任务变得极其艰难,因为新生儿真正奇特的地方在于我们必然会把他的特点跟我们更为熟知的现实相比较。心理学家无法摆脱这样的诱惑。有人说,新生儿和母亲之间有一种完整的共生;然而,这种共生关系只能用隐喻方式存在,仅在母亲的思想里有,在孩子的思想里没有。其他心理学家也许向一种无意识的成人中心主义让步,把迟缓的思想状态投射到幼童身上。只有用充分发展的人的眼光,我们才能把孩子看作初始的自私主义的化身(皮亚杰)或者儿童自闭症的化身(马勒),才能把儿童的发展描述为努力超越软弱(费尔贝恩)或达到独立(温尼科特)。很难想象,在这个初始状态中,孩子跟父母完全分离,而实际上他们其中一个是那么需要另一个。

不管我们用什么样的词语进行描述,有一件事却是肯定的:孩子生来就需要他人,生来就是为了与他人建立联系。用卢梭的话说,"他生来要成为社会人"。[1] 婴儿出生几小时之后,就会认出一个物体:人的面孔。婴儿看人的眼睛辨认人的面孔,几星期之后,在别的声音中辨认出人的声音。

至于需要他人,卢梭也进行了拓展,一直拓展到在这里说的生活:婴儿如果不被他人喂养是无法生存的。但这种显而易见的生理依赖很长时间以来掩盖了另一种依赖,即社会依赖:存在的需要,而不仅仅是生存的需要。一切似乎指明,两种依赖自始即有区别:被慰藉的生存需要不是被喂养的生存

---

① 卢梭,《爱弥儿》,纽约:Basic Books 出版社,1979 年,第 221 页。

需要的替代品。自从哈洛在小猴身上进行著名的实验之后，我们就可以更好地发现这一点：相比一个能够喂食但是不能用毛发磨蹭的模型，小猴更喜欢能用毛发磨蹭的母猴模型。同样，婴儿需要被拥抱、摇晃，被温柔的声音和触觉包裹，而不仅仅被喂食。婴儿的目光最先能够聚焦的长度不是距离妈妈乳房的 2 厘米，而是距离妈妈脸庞的 20 厘米。

将个体发展分成几个重要阶段是过于倾向生物学的，比如：口腔阶段、肛门阶段、生殖阶段。卡尔·亚伯拉罕创建并被弗洛伊德沿用的这些"阶段"不仅说明了性的理论假设——"正常"（成人）性行为是要达到的目的，而孩子的身体仅仅根据理论需要而被分成了几段——也说明了理论的反社会思想：其中看不出任何与他人的特定关系，似乎对于孩子，一切重要的东西都包含在他自己的身体里。孩子在吸奶之前张望，可这个"视觉"阶段一直没有被适当地考虑（拉康所说的"镜像"阶段是朝这个方向走出的模糊一步）。

遗传心理学很长时间以来认为，儿童发展并非依靠获取新事物，而是依靠多样化和特殊化的活动，活动一下子出现，在我们看来显得杂乱无章。孩子一出生就进入社会生活，互动机制不停地复杂化和细微化，直到他成年。情感不先于认知，自我也不先于他人到来：一切都在被区分和变得完美之前一下子出现在孩子眼前。

最基本的区分是被动原则和主动原则:在互动中,孩子既渴望成为病人也渴望成为医生。当孩子被父母安抚的时候,他是被动的;当他探索周围环境的时候,他是主动的。他既要安全感,又要兴奋感。所以,他既要找到认识的东西,又要发现不认识的东西;用皮亚杰的话来说,他既同化(将世界同化到自己身上),又适应(让自己适应世界)。这种基础性的二元对立并不对应需要他人和自我肯定之间的对立:孩子既可以通过依赖他人,也可以通过对外部世界的好奇进行自我肯定。他对他人的需要意味着一个行为需要另一个行为,主动时刻和被动时刻的交替因为父母的在场和不在场显得更加强烈,也就是说,一方面是保护和安抚,另一方面是放弃。父母与孩子分离的时刻并不比父母在场的时刻更不具备教育性:孩子必须觉得受到鼓励才能够投身探索周围的未知世界,但父母的不在场让他渐渐建构父母的身份,让他意识到时间流逝,让他为习得语言做准备。哪怕无法避免的父母不在场是短暂的,孩子都能渐渐对原初的缺陷感到敏感,知道他不能构成自给自足的整体。在生命的其余阶段,他将不断尝试填补这个基本缺陷(允许我在此稍稍改动意思来使用巴林特的术语)。

孩子身上的社会接触持续地多样化,为方便讲述,在此轮到我们来区分一些阶段,每个阶段的特点是获取一个新的交往形式,我们也不应该隐瞒这种区分也包含随意的成分:变化不是在单一层面进行,人格的各个方面也不是在同一节奏上发展,优先考虑其中一方面显然会忽略其他方面。儿童的个人发展也有很重要的变化;标记的年龄只能当作大概的平均数。要知道,谢弗最近对此问题的大致看法给了我启发,让我得以描述以下发展阶段。为方便起见,我给每个阶段命了名,但必须明确,这些阶段都是有关孩子和父母互动的情景,分割孩子的发展以及不提父母的补充行为,只能是人为造次。

阶段一:接触(0—2个月)。这个阶段的获得按照生物秩序:孩子的基本节奏是睡和醒、吸收和排泄,但社会交往并不因此而缺失:我们刚才看到,婴儿能很容易地区分人类音容,能很快认出父母,学会用哭笑吸引父母注意。被喂食的时候,他必然与拥他入怀的那个人互动。对话的遥远雏形就在于此。婴儿不能很好地区分人和物:假面具和真面孔在他身上都能引起相似反应。

阶段二:目光(2—5月)。孩子现在已经能够掌握他周围的生物圈,能够更多地转向周围世界。这阶段开始的最显著的生理变化使他能将目光聚焦在不同的距离:之前他的目光只能聚焦在20厘米的地方,剩下的世界处在模糊之中。视觉能力很快达到充分发展,孩子不满足于注视父母,他开始吸引和抓住父母的目光,也学会有意识改变自己的目光,微笑成为面对请求的可控制手段。最早的声音交流比目光交流更简

74

单,但已渐渐形成。更细致的互动现在开始了:有时父母和孩子的行为是同时的,比如一起或轮流"唱歌"。视觉和声音能够更好地协调。

阶段三:操纵(5—9 个月)。在该阶段之初,孩子的身体会有一个很重要的变化:获得更大的动作灵敏性和操纵周围客体的能力;一切都让他着迷,他贪婪吸收新事物,结果,某种意义上他从人类交际转而专注客体世界。人类要么跟其他客体无异,成为他努力探索和操控的对象,要么成为他在探索过程中的伙伴。可以说,原初的二元关系在这个时期被三角关系替代,由两个主体和一个客体构成。替换和合作的关系此时得到强化,他用手指指东西时几乎不经考虑,但体现这样一种互动:他指一个客体是为引起另一个主体注意。孩子在这个时候学习某些客体的名称。手的灵敏度增强,使他从探索客体走向操纵客体:客体根据他的动作来运动。

阶段四:记忆(9—18 个月)。按照许多作者的说法,孩子在 9 个月的时候会突然出现一些十分重要的改变,甚至可以将其视为孩子的第二次诞生,这时孩子完全进入人的世界。心理演变以及记忆发展使孩子内化了时间维度;因此,他开始辨别周围的人,明确区别他人与事物,孩子现在专注于他能够轻易辨别的熟人,并且害怕陌生人。他也能够回忆过去,以至于让过去影响现在的行为;母猴在离开一段时间又重新出现后,小猴会发出高兴的信号,而小孩则会用"赌气"来惩罚父母的离开。这是他在模仿父母对他的不关心。先前阶段的准对话,现在让位给真正的对话(即便还是非言语对话),就像有名的小游戏"快看,我在这儿";人的相互吸引就这样诞生了。最后,孩子认出作为对话伙伴的他人,自己也成了主体,并且发现了"意图性":他完成一个行为是因为他有意图,而不是回应外部的请求。他也开始发现成人—父母团体与孩子—伙伴团体有明显区别,即非对称伙伴和对称伙伴的区别。在同龄人这一组中,伙伴之间的敌对行为成为可能。三角结构现在集合了三个不同主体。

阶段五:言语(18个月开始)。前几个阶段建立的行动控制能力为言语习得做准备。一方面,孩子主要通过游戏加强使用象征的能力,也就是说,用稳定的方式联系两个实体,其中一个可以不在场,这也是参照过程的基础,或指称世界的片段;另一方面孩子知道语言之前的"对话"实践,知道跟一个伙伴合作,知道统领两个参与者的行动目标,言语使用早前建立的口头符号,结合指称功能和交际功能并极大地拓展了它们:现在可以指称所有客体和情形,与认识同一种代码即同一种语言的所有人交流。意义由声音的心理形象承载,脱离"指称物"(也就是所指的世界)在言语者的精神里建立起来。言语互动,即交谈,无论在细微差别还是在效率方面,都比此前的一切更为高级,能够完美地成为人类行为,再影响其他交流形式。语言本身也是社会的,因为经由前人来到我们这里,而且它的习得能够促进儿童实实在在且不可逆转地进入"存在"。语言习得有许多阶段,总而言之,永远不会结束。

我们现在可以重新审视以下阶段,以便观察孩子逐渐获得的互动基本形式是哪些。在某种程度上,基本词汇量通过组合、变形,派生出成年人生活的复杂行动。

在第一阶段,也就是接触阶段,行为跟简单的身体功能相区分,专家用意思相近的不同术语描述:孩子寻求柔软温暖的身体接触以给他带来安慰。孩子"渴望"被抱在怀里摇晃,被包裹在他已经熟悉的味道和声音当中。有时人们明显在孩子身上投射成年人的观点,说孩子想要被保护和安抚,他们需要依恋,也需要温柔。最初行为就是这样,并不替代其他东西或得到某个结果;它本身就是一个目的,有时人们会把这个目的称为"蜷缩的本能"。我认为,所有这些相似行为都是为了*被安慰*。

第二阶段,即目光阶段,是从注视的行为开始。儿童从出生开始就可以看,但注视则是从孩子寻求他人的目光和注视开始的,两者之间有本质的区别。注视说明了人和其他高等动物的首要区别。我们之前看到高等动物也经历过面对面的情景,可这样的情景只是受限且延后的,在幼崽阶段没有。小猴像人类婴儿一样也有被抚慰的需要,当它独自或和同类玩耍时,总是离母亲很近:它要看得到母猴。可小猴并不寻求母猴的目光,它并不会做什么事情来让母猴看它。人的孩子则需要被看到,而不仅仅是去看母亲(萨特完全承认目光的构成性角色,用他的话来说,就是:"我跟他人—主体最基本的联系可以是我被他人关注和*被他人看见*的永恒可能性"①),父母的目光是孩子能够看到*自己*的第一面镜子。

这个决定性时刻标记着对他人(能够注视他的人)意识的即刻诞生和自我(他人注视的人)的诞生,也从此诞生了意识本身。尽管孩子显然没办法说出来,但此刻他知道:别人看我,所以我存在;父母的目光把孩子带进存在。父母和孩子似乎知道这个时刻的重要性(实际情况并非如此)。他们相互对望很长时间,这样的行为在成年完全是不可思议的。成人对望超过十秒钟只能意味着两件事:要么打架,要么做爱。这种决定性的场景可以用黑格尔的术语来描述:孩子要求被认可。

在同一个阶段里,即2—5个月之间,孩子也开始承担一些更积极的角色,参加到和父母真正的交流中,双方完成同一个行为,比如交替(这似乎更常见)或者同时制造声音或者做出举动。在此我们可以辨别两个行为:交替和合作,今后它们

---

① 萨特(Jean-Paul Satre),《存在与虚无》,纽约:Citadel 出版社,1969年,第232页。

的区别更加明显。

在第三阶段,即操纵阶段,孩子跟人的关系退居于背景之中,孩子尤其会运用他逐渐增强的抓取能力和让周围客体动起来的能力。然而,人和物的区别在他的思想中尚未完整建立。他甚至可以跟周围的人做同样的事情。在此可以辨别两个行为:探索而不改变周围世界,以及做出决定或者成为改变世界的动因,这些态度在成人世界里经历了不同发展阶段:探索导向科学,决定导向技术并在人的世界导向社会行动。

在第四阶段,记忆阶段,新行动出现。孩子现在寻求模仿父母或伙伴(这两者在探索和决定的过程中并非有明显区别)。在此阶段的某些时候,孩子开始跟他的对手打斗。从霍布斯、黑格尔到尼采,我们都看到这种行为是人类的构成性特点,实际上远非孩子做出的第一个行动,它隐含着已经很进步的演化。所以,很难说打斗是先天的侵犯性或者原初的施虐倾向。巴林特在分析时说:"我们从来没有真正看到一出生就很凶狠或者很坏的人,或者真正施虐的人。[……]是受苦才让人变坏的。"①打斗是由目的决定的行动:获得一个物体或一个人的关注。如果没有对手出现,打斗就无法进行。所以,

---

① 米歇尔·巴林特和艾丽斯·巴林特(Michael Balint with Alice Balint),《原爱和精神分析方法》(*Primary Love and Psycho-Analytic Technique*),伦敦:Hogarth 出版社,1952 年,第 62 页。

预设人身上有一种侵犯本能、冲动或能量都是一种滥用：把仅仅为了达到目的的手段物化成一种先天品质，一种冲动原则。跟动物行为学的某些普遍观点相反，实际上，动物本身并没有"侵犯的本能"。

打斗是向同伴而不是向父母的第一个动作：父母不是对手，敌视父母不能采用打斗的形式（而用赌气或者逆反）。打斗也并不一定与需要对手的认可相关，而是一种力量的显示：两个孩子抢夺同一个玩具，强的那个夺走玩具而不考虑被打败的另一个孩子的目光，再后来打斗是可以需要第三者认可的，第三者要么是观众，要么是裁判。这些基本行动的组合会导致复杂的情感，比如妒忌、羡慕或仇恨。

在第五阶段，语言习得为此前阶段的每一个行动增加了新的维度：现在除了动作或目光，孩子更能够被字词安慰或认可，能够用字词确定甚至探索世界，跟人交替发声，模仿话语。所谓的"俄狄浦斯"情景也可以放入这个阶段。巴林特指出，这个情景跟以前的关系相反，主要因为有三个特点：(1)它是三角的，而不是二者对立的；(2)它是冲突的，甚于互补的；(3)它是言语的，甚于肢体的。

在这些基本行动里，我没有提到爱，因为孩子对父母的关系在我看来并不能够被过于广泛的字眼包裹。在出发点上，孩子感到需要他人，需要被安慰和认可，需要进入合作关系。

后来,当父母被确定和辨别后,之前的所有成分重新聚合在一起:孩子的爱是一个组成物,而不是基本行动。也可以说成年人,哪怕同性之间的成年人的情爱也是如此:感官的愉悦、被认可及认可他人的需要、合作与斗争的需要,所有这些,也包括其他很多东西,都构成爱的关系。

但还存在另一种很简单的行为,父亲和孩子在稍后能够发现(这样的行为可以是爱的一个成分或者形式),也许可以称作"共感"。母亲很早就可以跟孩子有共感,这是一种类似于婴儿还在子宫内的心理感受,但必须再等待一段时间,才能让这两个个体体会到同一种情感,这种情感不应该跟共生的幻觉相混淆。在共感中,人不是不知道他人是另一个人,但人仍在共存之内,同时两个伙伴之间还有延续性:被另一个人接受是绝对确定的,没有任何疑问。在这个状态中的两个人经历亚里士多德认为的巅峰友谊,其中一个人的快乐也是另一个人的快乐,或者说:一个人简单在场,也会给另一个人带来平静的快乐,尽管另一个人对他无任何索求。我爱他,只是因为他,而非因为我,我因他的存在而感到愉悦,不期待任何回报,我没有任何需要:这样的爱让我感受到一种强烈的情感,照亮我自己的存在。原初的缺陷被忘记了。

孩子对父母的关系被两个过渡阶段联系起来:一是孩子成人之后,二是父母变老之时。当孩子达到成熟年龄,他们和父母的位置都会改变。我们看到,有些基本行动是对称的,另一些是非对称的。非对称性的一些行动现在尤其受到影响,因为父母以及孩子的角色从根本上来说不同了:一个安慰与认可,另一个被安慰和被认可,这是变为成人的孩子不愿意承认的。关于安慰,被保护和被保障的需要现在被认为是孩子气的;成年人可以时有时无地渴望不同形式的安慰,但如果他持续感到这样的需求,就会被周围的人认为他还没有做到心理调整。长大的孩子渐渐感到自己是成年人,他需要拒绝来自父母的安慰("我已经不是孩子了,不要再像妈妈一样对我!")。而对于认可,情况就不同了,不管成年人还是孩子,都总是有认可需要。但是,长大的孩子现在需要多方面的新认可,替代父母的机械认可:同龄人、心上人、老师、上级的认可等等。长大成人的孩子不仅不再满足于得到父母的安慰和认可,还要在这些关系当中承担积极的角色,轮到他成为保护和认可的源头,因为他现在明白,如果说被安慰和认可是有好处的,他自己现在慷慨献出安慰和认可有更大的好处(我们之前已经见过这种新态度的雏形,即当孩子拒绝父母的认可,而宁愿赌气来惩罚父母之前对他缺乏关注)。然而在这个阶段,作为成年人的父母已经习惯不需要这种关心,孩子没有办法对他们实施这些新角色,因此,孩子必然会避开父母,转而寻找能够让他进入这样角色的新情景。

父母的经历显然不同,父母对孩子的爱在原则上是有些相悖的:如果爱孩子,他们就希望孩子成为独立的人,不再需要他们。父母的"成功的爱"将他们和孩子的距离拉远,结果却是痛苦的。人类拥有的某种动物层次的个人记忆,使得人跟孩子分离时有痛苦的感受(过了一段时间,母猴竟然在其他小猴中认不出自己的孩子了)。父母之爱的悖论,是在孩子变为成年人并且不再需要安慰和认可的时候爆发出来的,父母突然间失去保护者和认可持有者的角色,本来这个角色可以成为他们心理平衡的基础。这就是"空巢"症状。在最好的情况下,相互的关系会替代此前的不对称关系,但不能说一个关系真正补偿了另一个关系:失去孩子,因为他们已经不再是孩子了,在某种意义上说,这是无法修补的。父母与孩子的共感永远不可能使用同样的方式。

联系父母跟孩子的关系一下就具备了对称和非对称的特点。艾丽斯·巴林特指出,两种感受的共同之处是两个伙伴中没有一个能真正承认另一个人完整的自主性。尤其在母亲看来,孩子在某种程度上总是她身体的一部分。母亲并不认为弑婴是谋杀,而是割走她自己身体的一部分。另一方面,孩子总希望父母爱他,不管他的行为举止怎样,父母都得接受他。在描述孩子对母亲的情感时,米歇尔·巴林特这样说:"我必须被爱,无论何时何地何种方式,母亲爱我整个身体和生命,而我一点都不受批评,也不需要做出任何努力。"①

　　可更大的区别是,孩子只能有一个父亲和母亲,而成年人可以有不止一个孩子。对于孩子,父母是必不可少的;可是对于父母来说,孩子并非必不可少。另外,孩子的内在心理结构形成时,他是跟父母一起生活,相反情况并非如此。所以,每个人在他人心里的角色非常不同,孩子认为父母永远不会离开他的内心世界,因为跟父母的关系构成了他的基础结构,然而当孩子成年后,父母通常走出了孩子的生活,只在很久之后,当濒临死亡需要照顾时孩子才回来。父母认为起到心理构筑作用的不是孩子,而是自己的父母。曾经是孩子,这成为他们生命的一部分,他们身份的构成成分,这个状况会一直保持下去,而不论与自己孩子的具体关系如何。

　　父母与孩子关系的第二个过渡阶段发生在父母变老之时。他们的生命最明显的变化在于,他们自己变成了关心的需求者:他们有时需要被喂食、擦洗、穿衣照顾,行动也需要帮助,总之,他们现在就像小孩一样依赖他人,轮到他们需要被安慰。在很多案例里,父母找到了帮助,有时候甚至在他们的孩子那里找到帮助,但是,即便能够得到安慰,他们再也没机会去安慰别人,尤其是他们自己的孩子。关于认可,情况也一

───────────────

　　①　巴林特,《原爱和精神分析方法》,第63页。

样:他们可以继续被亲人认可,但不再有人要求他们去认可别人,人们只期待父母的感激。他们与照顾者之间的位置是不对称的,就算照顾者是自己的孩子,他们跟孩子的不对称位置就像以前孩子跟他们的位置那样不对称:鼓励和认可的受益者,而非施予者。另一个不同之处很重要:孩子最早不知道有一天他也会拥有鼓励和认可他人的力量,其中得益比消极位置的得益更实在。老年人知道积极角色能给予他人更多,但也知道他将永远没有办法进入这个角色了。老年人的悲剧不在于他需要其他人,而是其他人不再需要他。

假设孩子成为父母的守护者,孩子现在成年了,甚至接近老年,他们可以从反转的角色中得到额外满足,他们可以保证让珍爱的人过舒适的生活。可父母变老和死亡也可能会有另外一个作用。现在的社会,孩子成人后更喜欢远离父母,选择逃避曾经完全依赖的人的目光。在儿童的世界里,父母掌握所有的惩罚方式,即便我成人了,我也不会忘记我曾经的位置,只要父母还活着,我在某种程度上就只是孩子,他们和我都是如此认为的。这种情感会有一种矛盾的延伸,一方面我希望保持这样的状况,因为它可以让我不需要对发生在我身上的一切事情承担任何责任(这是孩子的特权);但另一方面,也许方式更为强烈,我希望这种情况结束,开始渴望父母死亡,因为只有从这个时刻开始,我才能不再是除我之外的他人世界中的简单碎片。我不再害怕父母可能宣布的惩罚。依赖他人是一把双刃剑。成年的孩子依赖父母,这对父母来说,应该是负担而非满足。

　　孩子跟父母或替代父母的人之间的良好互动显然对他现在和将来的心理健康都有巨大作用,童年时确信被爱,能向父母要求无条件的爱,成年后他能更坦然地面对生活的考验。鲍比一直坚持认为,初始依恋是人格得以建立的唯一坚实基础。但众所周知,人生历程中个人遇到的意外不计其数,良好互动这条路可不容易找到。主体间性精神分析的英国学派的所有学者都努力区分初始关系的功能失调类型,认为初始关系是成年人生活的病源。比如,巴林特把心理问题追溯到孩子与母亲的初始关系,把精神紧张追溯到孩子后来跟父母的关系。梅兰尼·克莱因(Melanie klein)将"好的客体"(离开我们并且引发我们的沮丧)和"坏的客体"(进入到我们身上的迫害感)对立起来。费尔贝恩区别了精神分裂,即害怕去爱的孩子,和精神忧郁,即害怕去恨的孩子。甘特利浦(Guntrip)谈到占有欲强的母亲(为了孩子愿做任何事情)和漠然不为的母亲(什么都不愿做)。我在精神疾病领域没有任何职业经验,所以不评估这些类型在临床方面的关联度,但有一点可以肯定,我们之前指出的基本行动如果有一个没形成好,就可能在将来引发孩子精神紊乱。最具决定作用的应该是儿童最早的两个互动:被鼓励和被认可。也就是说,它们若受到干扰,会造成最严重的后遗症。

干扰也遵循两条路径:鼓励和认可要么完全不在场,要么完全在场却不适合孩子的需求。鼓励和认可只要缺位就能造成可预见的严重后果,同样,对缺位的担忧会造成焦虑。至于不良在场,它可以有不同形式,一种是极具占有欲的父母的形象:父母鼓励和承认他的孩子,但不希望其他人这样做,只希望自己满足孩子所有的"社会"需求,不给第三者任何位置。这样的做法在单独养育孩子的家长身上特别强烈,而且家长很享受这样的绝对权力。

另一种认可有摧毁作用,即家长把孩子看作确定失踪或已经离世的另一个人。很多父母在战争中失去一个孩子,和平到来时有了新的孩子,因此他们努力把先前孩子的形象强加到新孩子身上:给这个孩子取同样的名字,住同样的房间,穿同样的衣服,便以为可以从这个孩子身上看到第一个孩子复活。还有一些父母会把失去的兄弟、情人或崇拜的伟人形象投射到孩子身上,孩子虽得到认可,但很快会明白自己被当成了别人。他有可能存在于谎言或骗局当中:永远不会知道用自己的嘴说话的人是不是他,他是否配得上别人希望他成为的那个人。

孩子的发展并不会使他从完全的依赖走向绝对的独立,

而是如费尔贝恩认为的，"从承受依赖转向成年依赖"[①]。承受依赖，因孩子无法选择行动者，也无法选择行动者在场或缺位的节奏；而成年依赖并不是说他就更不迫切需要他人了，而是指认可的各种形式不再集中于一个人身上；在成年依赖中，他将品尝孤独的时刻，关系不仅来自命运的意外，也来自选择，他自己可以让其开始，或让其结束。

---

① 费尔贝恩，《客体关系论》。

第三章 认可及其命运

方式

　　在所有基本程序中,卢梭、斯密和黑格尔都重视认可,这并非偶然。认可之所以不同寻常,其实有两个原因,首先因为它的内容:认可比其他行动更明显标记个体进入特定的人的存在。但认可具有特殊结构,某种程度像其他行动那样具有双重性。参与诸如替代和合作的行动时,孩子实际上也得到了生存确认,因为伙伴给他留位置、停下来听他唱歌或跟他一起唱。当他探索或改变周遭世界,当他模仿成年人,他认可自己是行动主体,也就是说像一个存在的人。当他受鼓励或被击败,或进入与他人的共感时,他也收到了作为次要受益的存在证据。一切共存皆是认可,这就是为何我相比其他更重视这个过程的原因。

认可显然包括数不尽的行为,也带有最为多样的方面。引入这个包罗万象的概念之后,必须要问多样性的原因和形式是什么。

我们先在概念本身的外部列举多样性的源头。认可可以是物质的和非物质的,财富认可或荣誉认可,可以隐含或不隐含对他人施加权力。渴望认可可以是有意识的或无意识的,使用理性或非理性的机制。我也可以想办法用我的不同方面来捕捉他人的目光,我的身体或我的智力,我的声音或我的沉默。在这些选择当中,服装起特殊的作用,因为服装是他人目光和我的意志相遇的场所,能让我找到我跟他人关系的位置:我要跟他们相似,或者跟他们的一部分人而非所有人相似,或者跟任何人都不相似。总之,我根据他人来选择我的服装,即便是为了让他们知道我根本不在乎他们。那个无法控制自己服装的人(比如由于贫困)面对他人的时候会感到瘫痪,失去尊严。所以这句古老的玩笑话并非完全没有道理:人由三部分构成,灵魂、身体和服装……

认可触及我们的存在的所有领域,不同形式之间不能相互替代:它们最多可能带来某种安慰。我需要在事业和人际上,在爱情和友情上得到认可;朋友对我忠诚,却不能真正弥补失去的爱情,个人生活丰富也无法抹去政治生活的失败。

人将生命的主要部分投入公共领域,需要认可却没受到任何关注,往往会发觉自己被剥夺了存在感。比如,终其一生服务社会和国家的人主要从工作中得到存在感,一旦衰老,社会需求消失,他就不知道如何平衡亲人认可的缺失。在公众意义上不存在了,他就感觉自己不再存在了。

前面谈黑格尔时说过,认可需求可以伴随为获得权力而进行的斗争,但也可以嵌入因上级在场而冲突被避免的关系当中。伙伴的优势和劣势总是先前已有的,他们每个人渴望他人目光认可的程度都不弱。孩子最初的认可来自等级高于他的人:父母或替代父母的人。接着,这个角色由社会里执行惩罚功能的其他人替代:幼儿园老师、小学老师、大学老师;雇主、经理或老板。对于刚出道的艺术家或作家,以及没底气的人,评论家总是握有认可的钥匙。优势人物都被社会赋予一种本质功能,即进行公共惩罚。

来自劣势群体的认可尽管往往被掩盖,但同样不能被忽视:我们知道,主人需要仆人甚于仆人需要主人;老师的存在感依赖学生;歌唱者每晚都需要欣赏者的掌声;父母在孩子离开时遭遇心理折磨,而孩子看起来仅仅是认可的需求者。

认可的不同层级大体都跟平等对立,在平等中更容易出现敌对的情感,这些情况非常多:爱情、友情、工作、部分家庭生活。最后,人也可以让自己成为认可自己的唯一源泉,要么走入自闭的道路,拒绝跟外部世界进行任何接触;要么无限膨胀骄傲,只保留自己欣赏自己的成就的权利;要么最终在自己身上激起上帝的化身,赞同或者否定我们的行为:因此,圣人寻求超越自己被人类认可的需要,而只满足于做善事;某些艺术家也可以忘我工作而丝毫不顾及他人对作品的看法。但还应该补充,这些解决办法从来都只是部分或者暂时的,正如威廉·詹姆斯所说,"**完全**的社会非自私主义几乎不存在,所以说,**完全**的社会自杀从来没进入人的思想"。①

现在,必须区分我们所有人都渴望的两种认可形式,当然,比例非常不同,可以这么说,一个是相符性认可,一个是区别性认可。这两种类型相互对立:要么我想跟他人相似,要么我想与众不同。想要显得自己是最好、最强、最美、最聪明的人,显然要跟所有人都不一样,这是青少年十分常见的态度。但还有其他的认可类型,儿童和尤其没有繁忙的公共生活以及稳定的亲密关系的成年人有此类特点:这些人小心谨慎,举止行为的标准符合他们的状况,他们从中得到认可。这些孩子或成人,当他们的穿着无异于同龄人或符合自身社会阶层,谈话时使用合适的参照,或者证明自己属于谈话群体的时候,他们就认为得到了满足。

---

① 詹姆斯,《心理学原理》,第 302 页。

如果我依靠工作承担社会认为有用的职责,我就可以不需要区别性认可(我并不期望别人不停对我说恭维话):我只满足我的符合性认可(我完成义务,服务国家或企业)。得到这个认可,我不需要每次都要求得到他人的目光。我把目光内化为标准和做法的形式,也可以是玩世不恭的形式。符合规则给我带来积极形象,所以我存在。我不再寻求与众不同,而寻求正常。这两者的结果都一样,所以,遵从者表面上比自负者更谦虚,但并不能说其中一人比另一人更不需要认可。

遵从群体标准而得到满足,可以在很大程度上解释社群情感的力量,从属群体、国家、宗教社团的需求。谨慎遵循所属阶层的习惯,能够让你得到存在于群体的满足感。如果我一无所有,如果我自己的生活没有任何值得骄傲的东西,我就会更热衷于拥护和保卫国家、宗教和家庭的名誉。群体承受的任何负面都不能让我丧气:一个人只有一个存在,这个存在可能失败,一个民族却有长达几个世纪的命运,今天失败成为明天凯旋的预示。

这两种认可的形式很容易冲突,形成运动着的层级。无论社会历史还是个人历史,皆如此:出众有利于竞争,从众位于协同一边。我要规规矩矩地待在马路边上,遵从公共规则,让自己有来自内心的相符性认可,还是穿过马路引发车辆频按喇叭,以引起伙伴们的欣赏(这是区别性认可,但也可成为小群体内部的相符性认可)呢？在某个年龄阶段，同类人的赞许会比别的东西更有价值，肯定也比符合社会总体规则而得到的满足更有价值，因此，这其实承载危险：如果肯定能得到见证者的笑声或惊叹，我们就很容易冒犯"道德"。团伙犯罪往往没有别的源头。

还有一个区别不再关乎认可形式，而关乎认可过程。认可实际上包括两个阶段，我们首先要求他人承认我们的存在（狭义的认可），其次确认我们的价值（我们把这部分称作"**确认**"）。这两个要求不处于同一个水平：只有第一个实现后，第二个才出现。别人说我们做的事情很棒，这暗含之前已经承认了我们的存在。确认涉及分句的谓语，认可则涉及分句的主语（或以"X 是什么"为形式的纯粹存在命题）。拉罗什富科也许是最早区别二者的人，他写道"人喜欢说自己的不好，并非绝口不提"。[1] 斯密对这种二元对立，"关注"和"赞许"[2]之间的差异也非常敏感，他提醒我们："被人遗忘和被人否定，完全是两码事。"[3]欣赏他人，是认可他人的最明显形式，因为他人符合我们的价值，可是仇恨和攻击他人，尽管方式没那么明显，情况也是同样的：它们并非更不强烈地证明我们的

① 拉罗什富科，《箴言集》，第 58 页。
② 斯密，《道德情操论》，第 50 页。
③ 同上书，第 51 页。

存在。

区分认可的两种程度是本质的,因为这两个程度常被分离而引发特别的反应:我们可以漠视别人如何看待我们,我们可以漠然应对自己的存在认可缺失。威廉·詹姆斯说:"是有一些人,他们的观点对我们不重要,我们却请求他们关注"。[①]现代心理学家区分认可的两种缺陷形式,其含义完全不同:拒绝,即或缺少确认;否定,即或缺少认可。拒绝,是不同意评判的内容,而否定,是拒绝认为有评判:冒犯主体是更加严重的事。拒绝就像语法否定:语法否定只触及谓语时,实际隐含对跟主语相关的从句内容的部分确定。

莫瑞兹观察嘲讽和仇恨时,得出相悖的结论。"感觉自己可笑,某种意义上会让自己感到被彻底消灭,让某人可笑几乎就等于给他的自我一个致命的打击,没有什么侵犯比得上这样的打击。而被自己之外的所有人仇恨,是愿望或渴望达到的状态。这样被人普遍厌恶不会导致自我死亡,相反,会让自我充满虚装强势的情感,使自我幸存几个世纪之久,并面对仇恨的世界发出怒吼。没有朋友,也没有敌人,这才是真正的地狱,一个思考的人会感觉到各种渐渐毁灭

---

① 詹姆斯,《心理学原理》,第 295 页。另见瓦兹拉威克(Watzlawick)等的《人类交际语用学》(Pragmatics of Human Communication),纽约:Norton 出版社,1967 年。

人的折磨。"①仇恨某个人是拒绝他,所以仇恨能够加强他的存在感,但嘲笑某一个人,不认真对待他,让他沉默和孤独,这种情况更厉害,他会觉得被虚无威胁。

陀思妥耶夫斯基以这两种不同的经验作为《地下室手记》的主题,一个是拒绝确认(拒绝),一个是拒绝认可(否认)。叙述者害怕被否定而自愿接受拒绝,因为拒绝尽管让他觉得不舒服,但他可以感受存在。比如,他碰到一个对他视而不见的军官,尽管知道自己不堪一击,他仍梦想着要跟军官决斗。他之所以想这样做,并非出于男子气概,而是因为跟一个人打架隐含着这个人看到他的存在。可是,军官并不屑于理会他,因此,当他们在街上相遇时,叙述者故意气焰嚣张地拦在路上,军官拒绝跟他冲突:"他二话不说,抓住我的肩膀,把我拎开,然后走了,好像根本没有注意到我在他面前。"②叙述者跟他认识的其他人的关系中,我们可以找到同样的逻辑,他能接受更加羞辱他的状况。最肮脏的骂人话也比没有认可好,如果奴隶状态能够让我们得到他人的目光,那奴隶状态也会变成我们想要的。地下人在这点上说出所有人的真相,在跟他人的关系之外,并无存在。不存在是比当奴隶更让人焦虑的罪

---

① 莫瑞兹,《安东·莱泽尔》,第 332 页。

② 陀思妥耶夫斯基(Fyodor Dostoevsky),《地下室手记》(*Notes from Underground*),纽约:Norton 出版社,1989 年,第 33—34 页。

恶,"冲进社会"①成为他无法阻挡的需求:孤单一人,即不再存在。

这两种情况给人的羞辱感并不一样。拒绝是完全可以被转换的,要么用像地下人那样的分析,要么只用骄傲:被我鄙视的人的看法对我有什么用呢(酸葡萄心理)？的确,有些拒绝非常难以忍受,不被理睬,我们会觉得被摧毁,窒息而亡。

我们看到,认可是一种不对称的关系,施动者给予认可,被动者接受认可,两个角色不能互换。可我们也看到,所有其他基本行动都带有次要或间接的认可,原因不再是他人的目光,而是因为我们处于交际当中。这样的事实也对认可关系起作用:给予直接认可的人,因为得到次要认可带来的好处,觉得自己是他人需要(给予他人认可)的,就会觉得自己被认可。总体来说,这种间接认可比直接认可的强度更大。在华沙的犹太人隔离区,幸存者马克·埃德尔曼说幸存的最安全方式就是把自己奉献给另外一个人:"要找到一个人,把自己的生命集中到他身上,也就是把自己的精力都消耗在他身上。"②父母为孩子做出牺牲,在发现孩子不再需要自己的那一天,父母会比付出而不求回报的时期更加痛苦。更何况,间

① 陀思妥耶夫斯基,《地下室手记》,第40页。

② 埃德尔曼(Edelman)等,《华沙隔离区回忆录》,纽约:Henry Holt 出版社,1977年,第42页。

接认可脱离了我们的道德审查,要知道,我们总是很快谴责公然追求被赞美的人。成为强者,支持和鼓励他人,同时又回过头让自己满足;求助,意味承认自己脆弱和软弱:若非孩子、老人、病人或囚犯,这样的举动更难做出。

在各种认可模式中做出选择,不是仅仅依靠个人拥有的手段及意志,因为某些社会和某些时代会青睐一种模式而排斥另一种模式。人们首先要审视一个重要问题:渴望认可,是真的放之四海而皆准,还是我目前仅仅说到的现代西方社会的特点呢? 当卢梭提到"对名望、荣誉和特权的普遍欲求"时,他难道不是把当时社会或者以前社会的特点投射到整个地球表面上吗? 这不是跟其他传统的信徒一样吗? 比如佛教徒常常指责欧洲人过度考虑自身的安逸生活。就算在西方文明内部,这样的描述难道不是更能用于上流贤达的生活,而非用于淳朴的人们、嬉笑的孩子、爱做梦的少女、盯着鱼线沉思的垂钓者和耕作田地的农民这些百姓的平静生活? 最后,对欧洲传统起决定作用的《福音书》分明不是写着"为了得到人的荣耀",我们"在人前的行为不应引起注意",而应该知足于"洞悉秘密"①,无所不知的天父公正地给我们分发奖赏吗?

人性的普世性和构成性在于,我们出生伊始就进入人际

---

① 马太福音 6:1—6,《新耶路撒冷圣经》。

关系网络,也就是进入社会世界。普世性,在于我们所有人都渴望存在感,能够让我们进入存在感的路径根据个人、文化和族群而变化。正如说话能力是人类的普世性和构成性,而语言是多样的,社会性是普世的,而社会形式不是普世的。存在感可以是我所说的结果。跟宇宙接触不需要媒介,跟他人共存也如此。跟他人共存有时有认可、合作、斗争或共感的形式。最后,根据认可是直接或间接、区别或相符、内在或外在,认可的意义不同。渴求名望、荣誉和特权,即便无处不在,也不能够统领我们生活的全部。就是这个欲望让卢梭明白,如果没有落于彼此的目光,就没有人的存在。

可以肯定,社会认可的问题在不同社会的表现方式是不一样的,比如等级社会(或传统社会)和平等社会,如现代民主社会(弗兰西斯·福山从这个角度为认可的历史奠定了一些基础)。在第一个社会里,个人更渴望占有预先安排给他的位置(他的选择更为简约),在这个位置上他可以找到归属某一等级的感觉,也就是社会意义的存在:农民的孩子成为农民,也因此获得被认可的感觉,因此也可以说符合性认可在这里占据支配作用。预先设定的位置在民主社会里消失,选择在理论上是不受限制的。被社会认可的标志不再是符合等级,而是成功,这样的状况更令人焦虑。竞相取得成功属于区别性认可,传统社会并非就没有:在传统社会里,认可的形式是渴求荣耀或荣誉,奉献人的优秀之处,渴求别人注意自己功绩的英雄选择这条道路,但在现代社会,这样的渴求也发生了变化,现在是追求名望。在今天,成功是一种社会价值,大家争先恐后要出人头地,名望引发的尊重不同于荣耀(对于最有名望的人,比如电视明星,大家的羡慕甚于尊重)。

在另一方面,平等社会给予所有人相同的尊严(黑格尔会说,这是以前的奴隶之间的平等),传统社会不是建立在个人概念之上,因而根本做不到这点。总而言之,传统社会有利社会认可,而现代社会给予所有公民以政治和法律的认可(所有人都有同样的权利,不同于等级社会的特权制度),同时凸显私人、情感和家庭生活的价值。认可需求,总是同样强烈。

今天我们常常听到政治人物陈述这样的社会理想,人们干更少的活,得到更多的自由时间,或享受更多的娱乐,可这样的观点设定人的享乐主义概念,人是消费快感的动物。这是远离真相的,根本不能确定娱乐和休闲有利人的发展。存在若受阻碍,生活便利就无足轻重了。人类对象征性认可的渴求远超对感官满足的追求,且准备牺牲生命。斯密说过,居然只为了一面可笑的旗帜去牺牲生命。在工作中,个人不仅得到可以糊口的工资,还能得到有用感和成就感,以及与人相互尊重的快乐。他寻求的不只是生活,还有存在。所有这些,他在娱乐中不一定能够找到:没有人需要他,人和人的关系没有任何必要性。身体休息能受到欢迎,但认可缺失会产生焦虑。把意义和乐趣给予工作,毫无疑问比增加娱乐更有用。

不管认可的形式如何,都不能忘记其最重要的特点:本质上需求是没有尽头的,它的满足永远不能是完整或彻底的。带有世上最美好意志的父母,也不能一直整夜地守护新生儿:除了新生儿,其他人也需要他们,后来,父母不仅需要婴孩给予他们的间接认可,还需要别的各种认可。而且,孩子很快扩展他的贪婪范围:能够给予他关注的并非只有父母,还有来看望他的人。从亲近的人再到他们亲近的人,他就这样召唤着整个世界。为什么会有人拒绝看他呢? 认可的胃口是令人绝望的,正如弗洛伊德在八十岁生日时开心地说道:"我们可以容忍无限的赞美。"①相符性认可比区别性认可更加平和,但要求人每天继续这样的追求。因此,我们的缺陷不仅是构成性的,也是无法治愈的(换种话说,没了人类,才能"治愈")。

社会防御策略

认可自身和确认价值,是我们存在的氧气。人人提出的

---

① 琼斯(Ernest Jones),《西格蒙德·弗洛伊德》,伦敦:Hogarth 出版社,1957年,第 204 页。

要求都相似,那么人人必定无法都得到满足。其他人也要求认可,他们很忙,无法响应我们。在实践上,需求遭遇冷漠或拒绝;需求的恒久性跟人与人之间的相似性似乎不兼容,那么问题出现了:如何管理那些不被认可的人呢?我认为,有一种应对方式比其他方式更令人满意,就是既考虑对他人的需要,又考虑有需要的主体数量多。但其他方式还有很多,我们所有人也都很熟悉,它们掩盖或推迟我们感受到的沮丧,而非真正补救,甚至增加新的沮丧。这些方式算得上无关痛痒的药,也就是字典说的"治标不治本"的药剂:作用只在一时。

对于保护能承担的具体功能,人类心理学家未能取得一致意见,因为他们没有对我们的心理生活做出相同的描述,所以不得不引入一个类似概念,用以对应我们所求助的保护。比如,阿德勒谈到补偿,说我们制造补偿来掩盖自卑感(他给原初缺陷起的不准确名称)。弗洛伊德从与他人隔绝、寻求最大快乐的人的形象出发,使用**镇静药**的比喻:"生活就这样强加于我们身上,我们的生活过于沉重,我们遭遇过多的痛苦、失望和无法解决的任务。为了承受生活,我们无法失去镇静药。"[①]他说到诗人台奥多・冯塔纳的用语 hilfskonstruktionen,"援救的脚手架"。萨特在作品《词语》里用**止痛剂**的

---

① 弗洛伊德,《文明及其缺憾》,第 75 页。

称法。安娜·弗洛伊德在一本有名的书里列举防御机制,但坚持外化物我对立的冲突机制或战略,认为它们主导我们跟他人的关系。

舒缓药为沮丧带来立竿见影的缓解,但长期而言,它们被证实有害,因为不能根治疼痛,迟早会被我们自己的警惕意识揭开真相,并且留下不良作用。更有甚者,不良作用比可被治愈的痛苦更严重。萨特写道:"慷慨[……]如同吝啬或种族主义,只是我们体内分泌的止痛剂,治我们的内伤,最终让我们中毒。"①我们也许会惊讶地看到吝啬、慷慨和种族主义被排列在唯一的系列里(或惊讶地看到种族主义被描述成一种"止痛剂"),但正是对认可的需求引发舒缓药的多样性。"止痛剂"成为无法根除的习惯,导致必须重新治疗的神经质或精神病。舒缓药可不属于心理疾病的范畴:我们说的不是病理学,而是日常实践领域,是普通的沮丧。

如何理顺舒缓药的无限种类呢? 用什么顺序审视它们呢? 首先,我们明确不试图详尽罗列它们:一旦旧防御被突破,我们心里总要发明新防御。《我知道什么?》系列有一本小册子,作者确定 27 种社会防御形式②,我不会遵循它们,而只

① 萨特,《词语》,纽约:Braziller 出版社,1965 年,第 112 页。
② 穆奇艾利(Alex Mucchielli),《动机》(*Les Motivations*),法国大学出版社,1992 年,第 53 页。

非正式地列举某些特别常见和有效的舒缓药,应该辨别其中反映认可过程的成分不同的几组药。如果我最初的要求不成功,我仍有几种办法可以选择:要么回到原地重新冲刺,直至满意,要么寻找更容易获得的另一个认可来替代我要求的认可(某种意义上的替代认可),要么仍旧按照自己的要求行动,即便最终还是放弃。我在此遵循这个顺序,而不太理会分类,只是选择路径而已。

得到惩罚

认可被拒绝,第一种反应是重新要求认可,认为失败只因时运不佳,愿意再次尝试。但也有些要求得到了满足!如果我是足够帅气并且自信的小伙子,没有哪个女孩能够拒绝我;如果我思想活跃,意志坚定,我可以通过所有考试;如果我口才好,不怕上镜,我能够在电视上留给观众最好的印象,第二天能够被人们记得。的的确确有这么一种人,他们成功,有魅力、专业强、考试棒,他们帅气、富有、聪明,像跨国公司总裁或媒体明星!

第一种态度显然有好的方面,但问题在于,成就总得重新开始,任何人在任何时候只有成功才能安心,也就是说,这是一种**提前逃避**,注定要失败(即便缓刑时间足够长,即便这种命运总显得令人羡慕）。弗洛伊德在这方面是消极的："我们不断把无限满足所有需求当作最诱人的生活方式，然而，采用这样的生活方式就是让享乐先于谨慎，惩罚很快就随之而至。"①威廉·詹姆斯这样描述不可避免的失望和沮丧："今天有一类人，他们极度在意让自己的名字出现在报纸上，不管在哪个栏目他们都愿意：出发和到达、个人信息、访谈、八卦新闻，甚至丑闻。"②这种人不停要求认可，首先对他人非常吝啬，他总是被仰慕和奉承，却不被爱。人们承认他们的力量，同时又认定他们过于傲慢和自负。魅力不能确保得到爱，事业辉煌不能带来幸福，所有的成功必然都是相对的。格林兄弟在十分有名的童话《渔夫和他的妻子》（作品启发了君特·格拉斯的《比目鱼》）里幽默地写道：贪婪的伊莎贝拉得到茅屋之后要求得到城堡，她成为女王、女皇甚至女教皇，但在要求变成上帝的时候，她又变回到了破屋子里，坐在尿盆上。

在茹贝尔的回忆录里，夏多布里昂被描述成完全需要他人认可的人，他却从不给别人任何回报。茹贝尔认为这就是造成他不幸的原因所在。"他只为他人写作，只为自己而活，

① 弗洛伊德，《文明及其缺憾》，第 77 页。
② 詹姆斯，《心理学原理》，第 294 页。

因此,他的才能永远不能让他幸福,因为得以满足的基础在他之外,远离他,而且多样、多变和陌生。"①夏多布里昂才华横溢,但公众口味是变化的。如果认可只能来自欣赏者,那么作家注定要失败。夏多布里昂对他人有无限需要,但几乎不考虑他人需要他什么。他认为只要把作品交给公众,他跟公众的社会交往就扯平了。

人欲成功而不得。因一开始有生理缺陷、家境贫穷、长相丑陋、反应迟钝或霉运连连,人就斥诸**暴力**,社会谴责暴力为犯罪:用强制手段获取曾经得不到的认可。挫败感,也许不足以作为一切侵犯的理由,但的确是最常见的条件。小偷的解释:为得到财富而受关注,他采用不被社会接受的途径。美国大城市的黑帮斗争是靠寻求认可的别名尊重来维持。在犯罪的层级上越往上走,就显得越有强大的力量,而力量导致个体尊重,尽管这尊重不来自社会价值的保管者机构。

毋庸置疑,女人和男人之间不求诸暴力,尤其不求诸身体暴力。有些男人在某个年龄段比其他男人更沉溺于暴力(保险公司对这个情况非常了解)。换种说法,除了文化条件,还

① 杜里(Marie-Jeanne Durry),《夏多布里昂的晚年》(*La Vieillesse de Chateaubriand*),巴黎:Le Divan 出版社,1933 年,第一册,第 524 页。

有某种生理预设选择了这种或那种缓解药。并不是说人或年轻人充满了别人没有的独立侵犯本能，而是荷尔蒙结构促使他们选择超越压抑的优先手段。

得不到必要认可且根本无法安慰自己的人可能成为暴力罪犯，但他也可能超越个人情况，自问认可缺失是否也打击了所有跟他一样的人，所有穷人、黑人和不受理睬的人；自问是否不应该试图改变游戏规则，哪怕使用暴力。使用暴力，个人罪行在社会反抗面前会被抹去。两种情况里的认可形式当然不同，因为反抗的目的在于改变社会机制以给人尊重和关注，而个人暴力寻求的是非体制性认可。弗洛伊德对此也是悲观的："人们可以改变这个世界，建设一个新世界，抹掉最糟的方面，按照我们的意愿用别的方面替代。陷入绝望而反抗的人走上这条通往幸福的道路时通常一无所获，因为现实比他更强大。"①我个人不赞同这种宿命论观点：我们已经多次看到，社会生活的规则是可以被改善的。

用强迫获取认可有一特例，就是巴塔耶或萨德所说的主宰。其特点既在于使用暴力手段，又在于且更在于认可的结果，结果不再是他人的爱或欣赏，也不是他们简单同意我的存在。这一次是通过让他们屈服甚至摧毁他们，也就是通过我

---

① 弗洛伊德，《文明及其缺憾》，第 81 页。

在他们身上证实我的权力,而非通过抓住他们的目光才建立我的存在感。至今仍奋斗在人道主义组织的艾莉娜·马尔格利曾经从华沙贫民窟幸存下来。有一天,她问道:如何解释这个立陶宛士兵或那个华沙士兵不满足于杀戮,不满足于按照别人的要求去杀人,而面露快感地将婴儿的头撞向一棵树,撞向房子的墙呢?如果要找答案,也许是执行无限制的主宰意志而得到享受:感到他人的生命落到我们手里,能够折磨他们,能够冷血杀死他们而无动于衷,这样,你的生存带来一种让你陶醉的确认感。这或许也是强暴者的逻辑:战胜抵抗意志而得到的享受比性满足更大。必须再次看到,选择这条道路的男人比女人多得多。

他人屈服带来间接认可,形式可以更加社会化,在国家或家庭层面也许都有的暴君心理起着作用。莎士比亚笔下的理查三世说:“既然当不了情人,我就决意做个恶棍。”①做坏人、恶棍、恶魔暗含自己因让别人恐惧而被认可。几世纪之后,萨特阐明了这个观点:“暴君对爱不屑一顾,他们满足于让人恐惧,如果只是出于政治需要而寻求臣民爱戴,如果能找到更经济的办法奴役臣民,他会马上采纳。”②霍尼甚至以为发现了

---

① 莎士比亚(William Shakespeare),《理查三世》(*The Tragedy of Richard the Third*),波士顿:Houghton Mifflin Company 出版社,1997 年,第 753 页。

② 萨特,《存在与虚无》,第 343 页。

"抱负和情感的二律背反",人"不能同时碾碎他人又受他人爱戴"。① 理查三世在结束冒险时说:"没有一个人爱我,如果我死了,也没有一个灵魂会怜悯我。"②这样的话只是微弱的安慰:"啊,我爱我自己!"

可是,他的统治实践给出了另一幅图像:他多次让人爱自己,开始是安娜,可他杀了她的丈夫和父亲! 斯大林既被爱戴又被惧怕,希特勒也如此。谁不认识暴君一般的家长、父亲,不仅享受孩子和老婆对他的屈从,还享受他们对他的爱? 问题也许在别处:暴君被爱,但不能爱别人,比如理查三世,他只能爱自己,因此,这个爱不能带给他什么。承认对他人的爱,就是承认需要他人,也就承认自己脆弱,可暴君想要的是无所不能的形象。科耶夫笔下的黑格尔描述说,这样的主人不需要被征服者表现的认可;为了无条件统治他人,他必须是孤家寡人。暴君式父亲被跟他一样的小暴君陪伴时,可以得到安慰。

替代认可

从方法上看,暴君行为很像暴力行为,却不能得到最初想

---

① 霍尼(Karen Horney),《神经症人格理论》(*The Neurotic Personality of Our Time*),纽约:Norton 出版社,1937 年,第 209 页。
② 莎士比亚,《理查三世》,第 791 页。

要的认可。在其他情况下,第一个认可要求的失败会引发真正的重新定向和程度改变,但并不导致方法改变。以学校为例,孩子有可能通过成为班上最优秀的学生来吸引老师的注意。但是,假如他做不到,假如这条路对他来说真的行不通,那又该怎么办?会有另外一个可能性出现在他面前,让他成功或更成功地抓住老师和同学的注意力:上课讲小话,不让其他同学遵守规则。成不了最好的学生,他可以成为最坏的(当然这两个情况不能说明所有可能性,其他孩子可能对学业认可不那么敏感)。

得不到正式认可,所以可以自行决定用违反公共规则的方式取得另一种认可。陀思妥耶夫斯基的"地下人"常用这样的策略,他宁愿招惹他人的责备,也不愿忍受他人的冷漠。这样的策略在课堂之外,在生活当中有非常大的延伸;它很好地解释了日常交往中的夸张举动和歇斯底里的行为。我们也可以看到罪犯从中得到双重好处:直接好处就是得到想要的奖赏;间接好处是在犯罪行为之后得到别人对他的关注。

莫瑞兹的主人公安东是个无足轻重的人物。他淹没在人群中,跟他人相似甚至沦为他人取笑的对象,这使他异常难受。有一天他偶然喝醉,后来招来别人的指责,竟然发现这个意外的总体结果是积极的。"第二天到唱诗班,看到教友嘲讽他宿醉后的苍白脸色和呆滞表情,他觉得自己是一个怪人,感到自豪:他觉得过度饮酒就是完成一种夺人眼球的行为。他有时故意装头晕来吸引别人对他的注意。"①"举止的糟糕引人注意,因此带给他隐秘的满足感。"

另外一种替代认可的形式在于借助某个名人引发关注或欣赏,用委托方式享受,这里指偶像崇拜。所有名人都是用转让方式引发满足现象:皇室成员、影视或歌唱明星、伟大的运动员、有名的作家和艺术家。我记住偶像获得的所有荣誉来安慰自己的平庸生活(我不认账),和明星分享我想象他得到的无限满足,为明星的奢华而兴奋不已,这些就像魔术师变戏法,拽自己的头发把自己提起来:我选择偶像,用我的欣赏美化他,接着,他的美带给我光芒,我享受他的光环,我给予他的认可又回落到我身上。拉罗什富科写道:"真心赞扬美好的行动,某种程度上就是加入了美好的行动。"②另外,我毫不费劲就得到所有好处。是我的偶像在写作,在舞台上表演,或者在战场上驰骋,而从中得到好处的人却是我。荣格描述这种策略时说:"思维懒惰成为了一种品质,人可以在一个半神物种的阳光下给自己贴金。"③

---

① 莫瑞兹,《安东·莱泽尔》,第 139 页。
② 拉罗什富科,《箴言集》,第 114 页。
③ 荣格(Carl Gustav Jung),《分析心理学二论》(*Two Essays on Analytical Psychology*),普林斯顿大学出版社,1970 年,第 170 页。

偶像崇拜还有一个好处，即感觉自己从属于某个群体，即明星崇拜者的群体。在这点上，偶像崇拜的体验接近任何群体成员的体验，仅从归属关系就可获得相符性认可。碰到追星的兄弟姐妹能让你的心绪沸腾，每个人都因为有与他人相同的信念而得到确认。三十年代的纳粹分子既能获益于偶像的成功，也能获益于从属的所谓好社群。体育俱乐部的支持者既可以从团队成功里得到认可，也可以从他从属的欣赏者群体得到满足。在所有这些情况中，我继续让自己的举止像魔术师或变戏法的人：我从自己制造的东西里受惠，这是我加入的群体的价值。

归属于不由自己选择的群体而得到满足感，不能被认为是舒缓药：身处熟悉的环境，跟家人一起，每个月都可以安心处于存在之中。但是，共同的情感也可以变成一场斗争：我竭尽全力保证自己团队的胜利，甚至准备扮演弱势角色；我跟所有敌对团队战斗，跟弱势团队利益保持一致，这让我得到一种稳定的认可。我们可以把因为社会从众主义而显得更加激进的这种形式称为"崇拜狂热"，譬如我们周遭十分常见的民族主义或宗教狂热：今天，穆斯林原教旨主义的力量让个人无法得到其他类型的认可。同样，塞尔维亚人失去从前参照的意识形态，而且没有能力走上个人主义社会提倡的方向，民族主义于是成为留给塞尔维亚人的唯一道路。

狂热总是伴随着对异类和他人的仇恨。共同从属的背面是排斥不属于同一社群的人，每到关键时刻谴责他们，让他们做替罪羊。但相比其他的认可形式，我从属的团体，其认可要求根本不受任何谴责。今天的西欧国家处于个人主义时代，但别忘了，在世界的别处及别的历史时期，来自集体的认同才是或曾是首要的。

替代认可还有另一种形式，用幻想维持认可。人不放弃寻求他人的关注，也不相信自己能给予自己认可。这一次，想象他人认可自己，其实根本不着边际。正常人都会有幻想，但能区分幻想与真实世界，而疯子却不能从幻想狂热中走出来。弗洛伊德说："在某一点上，每个人的举止都像幻想症患者。我们通过做梦来修正不宽容世界里的元素，然后将幻想的内容插进现实。"[1]弗洛伊德认为，宗教属于集体幻想，因为在这个世界里不被爱，所以要在另一个世界里得到爱。幻想中的认可，不适之处是总可能遭遇现实考验：清醒时有感受痛苦的风险。科幻作家却能很好地保护自己：他创造想象的世界，这带来他想要的满足，但原则上他不把自己想象成小说中的人物。卢梭曾计划使用想象，并宣称想象的原则比真实更好："我召集我身边所有想象的人物，我跟他们相处和睦，这比我

---

① 弗洛伊德，《文明及其缺憾》，第 81 页。

在这个世界上看到的东西都更美好。"①

我能保留自己的幻想,但如果决定与亲朋好友分享,我就会成为吹牛皮的这类人。吹牛皮的人以为他说的是客观事实,不认为自己褒扬过头,言过其实。事实上,等待他人给予自己应得的认可让他感到疲惫,所以他就把这个任务给自己,也交给他碰到的人。他要么说,所有人都赞同和欣赏他,甚至有人总找他,他忙得团团转,没有属于自己的时间,他要么说,他收到满是请他赏光的邀请,他的最后一本小说被翻译成十三种外语,等等。我越是制造出自我满足的迹象,就越凸显我对他人的依赖,因为我是在向他人展示一幅优美的风景画。宣称满足,实际上也是需求同样程度的爱,满足和需求两者之间的脱节有某种病理。这个人物太有名了,我可不能落在后面;这样的话在此足以说明他属于替代认可群体。

放弃

至于放弃寻求任何认可,有些形式是彻底的。自闭这一心理深层情感使人被墙包围,拒绝与任何人接触、交流和沟

---

① 卢梭,《致马尔泽尔布总监先生的四封信》(*Letters to Malesherbes*),《卢梭文集》,汉诺威(新罕布什尔州):新英格兰大学出版社,第五册,第572页。

通。不管这个问题在机体或功能上的源头是什么，其结果都一样：使人拒绝接触，同时避免缺乏认可或得不到价值确认的风险。

我们可以找到近似自闭症却不那么具有病理性的态度。比如，青少年使用硬毒品或软毒品(或者后来的酒精)，是否对应拒绝寻求他人认可？兴奋的时候会感觉充实满足，无需考虑周围人的反应。在这组同龄人当中，音乐承担相似角色。我喜欢戴耳机听劲爆音乐：音乐亦可成为外部世界和我之间的隔绝层，像蚕茧一样包裹我，让我免除对认可的乞求。

最后我们可以发现，少年儿童在经历失望或被抛弃的感觉后，总会出现一种孤独的趋势以及对他人评价的满不在乎。躲在冷漠外壳之下，显然能避开即将到来的失望。安东说道："他被师父和师兄弟鄙视和排斥，所有人都认为这是因为他悲伤至极的情绪和野蛮的性格。他对自己在社会上的价值失去了兴趣，继而只寻求完全的自我封闭。"①当然，这样的自我封闭态度可以被他人理解为傲慢和轻蔑，因此，原本只存在于他想象当中的拒绝会引发他人真正的拒绝。这个传动机制便是逻辑学家所说的"说服性定义"的一个例子，即表征产生被表征的事物。

---

① 莫瑞兹，《安东·莱泽尔》，第178页。

115

在哲学家、宗教人士或神秘主义者的某些思想里可以找到对待认可的一种极端态度,即自闭的反面:融入世界,跟世界的任何接触都证实我们的存在(我先前说的生存感变体)。他们打开所有通道,而非自我封闭,即人只有开放。我跟宇宙和生活融为一体,那么我这个小小的存在有何重要性呢? 为说明这个状态,弗洛伊德借用罗曼·罗兰的"海洋情感"的说法。有心理分析者认为,从中可以看出人类胚胎经历重现,也就是说,出生之前的共体。接受整个宇宙,就抹掉了身处宇宙的人的特性,与他人融合不是人类状况的特征,正相反,分离以及因分离带来的缺陷感才定义了人类状况。共体与融合的梦想偷偷地把他人变为非主体,随时可能把他人吸为己有。子宫内的存在不应成为爱的理想,人的状况的特别之处在于其构成是人和人的相遇,只有对于想摆脱这一状态的人,出生才会是一种创伤。

这两种放弃形式相互对立,正如一无所有和无所不有。尽管如此,但它们的极端性很相似,其他放弃形式则更为温和,也更为常见,我要描述的放弃形式是其中最为人熟知的一个,**骄傲**。我们可以限定这个词的意思(根据该词的大部分用法),以指称放弃外部评判对我的价值的一切确认,并用自我惩罚和唯我有特权的确认取而代之。骄傲,完全不同于吹牛,因为我可以赞美自己:首先,骄傲者从来不屑于跟他人分享他

116

的自我欣赏(他太瞧不起他人了,做不到这点);其次,骄傲并不一定要求别人奉承自己:我可以骄傲,并且严格要求自己。重要的是,只有我有评判自己的权力。骄傲者表面上非常谦虚,因为他对他人一无所求:他并非自负,但他的自我欣赏比自负者更甚,因为自负者相信他人的评判。也许正因如此,卢梭才说:"当自爱不再是绝对情感[也就是说,当它进入社会世界]的时候,它在伟大的灵魂里成了骄傲,在卑贱的灵魂里就成了自负。"①

骄傲者最接近自足。为了不依赖他人,他不承认自己有缺陷,而努力靠自己知晓一切:不论身体还是思想,他都非常敏捷,总知道如何照顾自己。自给自足的意愿让他保持良好的健康状况:疾病就是依赖。或者说,他是苦行者,无欲无求:吃喝极少,生活艰苦。基督教的圣人总被人怀疑具有很强烈的骄傲感,说我什么都不需要意味着我什么都有,他梦想自己是上帝。实际上,骄傲让我们分隔了存在认可和价值确认:我对这种而不是那种价值表露出满不在乎。我的内心安宁不来自我对自己积极评判,而来自不论积极与否,只有我才能对自己评判;可是,即便我不要求他人肯定我,我仍然一直需要他人让我感到存在。

---

① 卢梭,《爱弥儿》,第 215 页。

骄傲者想让他的行为看起来没有任何外部目的：他像在做世界上最开心的事情，而不期待任何回报。这种动机本身并非不可能：我们所做的一切并非都在寻找认可，我们完成某个行动后也可以找到一种意义，而不需要别人赞许的目光作为条件。骄傲并非没有中介，只是中介被内化了。缺位和内化，区分起来显得似是而非，却非常真实。如果有人——木匠或作家——工作做得好，那他要么在对自己的积极评价（他人评判的骄傲内化）中，要么在不需任何中介的行为本身（这是我所说的"成就"）中可以找到满足感。

表面上，骄傲者让周遭人感到舒服；但深层上，他让人感到挫败。让人舒服，因为他不会用召唤打搅我们，也不会总要求我们帮忙，或者说，他给我们的帮助比他向我们要求的帮助更多。他的行为是谦逊的，而谦逊是很值得欣赏的。可是，如果我要跟他一起生活，我会慢慢发现不舒服，因为他不承认自己有缺陷，所以拒绝我对他的任何间接认可。如果他根本不需要我，那我有什么用呢？一个依赖我的人会引发我的担心和顾虑，但他给我的比他向我要的还多：他让我成为他的必需。"我们总是需要某个需要你的人"①，罗曼·嘉里笔下的

<hr />

① 嘉里(Romain Gary)，《所罗门王》(*King Solomon*)，纽约：Harper & Row 出版社，1983 年，第 137 页。

人物这样说道。这个母亲抱怨孩子让她花费时间;这个女人因为必须看望囚犯而痛苦;这个男人因为必须照顾生病的父亲而疲惫不堪。即使依赖他们的人消失,他们也不能减轻存在感。他人向我要求认可,这本身就是对我的一种认可,然而,骄傲者不向我提出任何要求,他不寻求我的赞同,他不承认他的软弱,他甚至竭尽全力做得比他身边的人更好,以至于那些人都因为跟他比较而受到侮辱。在这一点上,自负者表面上令人无法忍受,但实际上更令人舒服:在我看来,他总是需要我。斯密早已注意到:骄傲者更令人尊重,但更难相处。自负者总爱取悦别人,是令人舒服的伙伴:因为让他开心很容易。

对于骄傲者身边的人,解决方法当然是离开。可这样的话,骄傲者又无法承受,他也会让他们知道这一点。因为他在他们身上施加了一个双重限制:他要求他们保持在场(这确认他的存在),但不向他们要求任何特别的帮助。相反,他会显示出他的完整性(他的自我惩罚)。他像年老的丈夫鄙视妻子,却不能失去妻子,因为他们已经习惯在妻子面前说话(而不是对妻子说话),即便只为让妻子知道她根本不配听丈夫对她说话。他强烈要求亲人的认可,却不愿意承认,因此拒绝将自己的认可给予亲人。

骄傲的根源也许在于,孩子有保护自尊心免受伤害的欲望。孩子可以被父母溺爱，但不能指望被整个世界溺爱。相比努力变得比他人更成功，或者用冒犯来吸引他人注意，对自己说他人的评判根本不重要难道不是更经济更稳妥的方式吗？我一旦取消他们的评判资格，他们就没有办法伤害我。我一旦停止寻求他们的赞同，就可以马上收到奖励：逃避奉承和赞美的人更理所当然地配得起赞美之辞。无论情况有多糟，这种方法会立刻形成极好的保护。考试失败，是因为主考官没有欣赏到我的观点的新颖之处；公众不甚喜欢我的书，是因为他们学识浅薄且十分愚蠢；女人拒绝我，是因为她配不上我。然而，像别的舒缓药一样，这个舒缓药一旦接触现实就会显示局限：不管我的意图如何，我必须与亲人一起生活，不一定要找到能够避开他人评判的职业。骄傲可以被某种剂量的公开成功保护，如果成功能持续，那我的骄傲就什么都不怕了，正如拉罗什富科说的，表面的谦卑于是成为附加利益的源头。

纪德在《如果种子不死》里谈到他还是男孩时是如何发现骄傲的好处的。如果有人对他表达不赞同，他不说话，只用眼睛回答："我才不在乎你的欣赏，从你评判我不好的这一刻起，我也不再关注你。"[1]成人后，他毫不费力地克服了年轻作家

---

① 纪德(André Gide)，《如果种子不死》(*If it die*)，伦敦：Secker & Warburg 出版社，1951 年，第 127—128 页。

生活中出现的各种逆境。他的第一本书没有取得任何成功吗？他为自己解释说，胜利是有害的：大众肯定品味不好。轻易得到的赞扬很快就会凋落，最后他成为自己最好的评判者，当然不是最具善意的评判者。"因为我只怕被骗，我认为自命不凡对精神发展是致命的，所以，我不断降低自我欣赏，让骄傲将我贬低。"[①]在此提高身价的是惩罚持有者，而不是客体，即便客体是同一个人。惩罚持有者用这个姿态获得的好处胜过上述场景里的劣势。

某些**奉献**态度可以接近骄傲（自我惩罚之意）。奉献者，无论实施基督教慈善，还是进行人道主义援助，都表现得没有任何需求，不追求任何利益，相反，他总是奉献金钱、时间、精力，而受惠者总是需要帮助的穷人、病人、受困的人。当然，实际情况根本不是这样：人在完成公共道德赞许的行为之后，会得到间接认可的好处。奉献者或多或少都有一种简单主义心理（这也许不构成要求他放弃行动的理由）：他表现得好像他人只需要活着，而不需要存在似的；或者，他人只需要获得，而不需要付出。这一来就阻止他人感到自己被需要，如果奉献者把自己的缺陷暴露给他人，如果奉献者作为慷慨的赠予者，他的需要一旦被人知晓，他人也可以对他做出同样的善举。

---

① 纪德，《如果种子不死》，第 224 页。

刻板的奉献是单向的态度，不允许有相互性：印度麻风病人和苏丹饥民永远不能帮助我。在大多数时候，他们甚至不知道我的名字，认不出我的面孔。慈善受惠者的述说让我们知道，他们的处境非常困难：收到生活救济是很幸福，可存在变得脆弱了，他们感到痛苦，因为注定只能获取而无法付出。安东得到施善者救助的时候，"在这种状态度过一年，其中某些时刻是他生命中最残酷的，尽管大家都向他祝贺他的运气……实际上，让他不堪承受的是想到自己成为他人的负担而感到羞愧。"①

这样的失败再一次用无法经历间接认可来解释，这认可来自作为主体而非客体的人的慷慨行动。我奉献，不要求直接认可，即使要求也是向第三方，而非向我帮助的对象要求。这还有另一个好处：为他人的需求着想，就是忘记自己的需求，主体从这一选择得到的利益不可忽视。嘉里的小说《所罗门王的焦虑》，主题就是奉献。极具奉献精神的叙述者解释："如果可能，我应该是第一个基督徒。可我认为，为了不考虑自己，我才考虑他人，这是出于自私，这是世上最让我害怕的事。"②他在"SOS 志愿者"的同事也这样认为。吉耐特说："当

---

① 莫瑞兹，《安东·莱泽尔》，第 120—121 页。
② 嘉里，《所罗门王》，第 44 页。

他听到电话那一头述说着一切不幸，就觉得自己好受多了，他愈发不考虑自己，正如宗教说的，想到更不幸的人总能让他更放松。"①专业护理员的奉献也可用同样的方式解释，"比如，有些心理医生年轻时没有感受到爱，总认为自己很丑陋而被人拒绝，于是努力成为心理医生，照顾那些吸毒的年轻人，让自己感觉很重要，受人欢迎[……]这样，他们有一种力量感，其实通过这样的方式，他们也是在治疗自己，使自己更好受。"②

我简单谈谈另一种形式，即放弃认可时能得到替代认可。我不再列举舒缓药。这另一种形式在于故意让自己扮演受害者的角色。跟骄傲一样，此时认可主要来自于我内心（我的意识）的请求，不同之处在于，认可不来自于我的价值感，而来自成为他人不关注的牺牲者的情感。这跟偶像崇拜一样，也有些魔力：仅因为我的意愿，承受压抑和自恋的伤口就成为满足的源头，能在预想的现实中让我占据受害者地位。拉罗什富科在请求认可的受害者和英雄这两个位置之间画上等号，他写道："渴望被怜悯或被欣赏总是我们信心的最大部分。"③

这样的情况为什么让人欲求呢？首先，它给我内心带来的

①　嘉里，《所罗门王》，第123—124页。
②　同上书，第11页。
③　拉罗什富科，《箴言集》，第121页。

补偿远远超过在真实社会关系里的不适。其次,把自己当作不公正迫害的受害者,我就在他人旁边开启了一个用之不竭的信用值,跟骄傲相反,它不要求我任何真实身份,因而更容易使用。承受的失败加强我的地位。我可怜我自己,自我怜悯安慰了我承受的所有痛苦。说出口的不幸永远不能跟遭遇的不幸混淆,其中一个更应该是另一个的相反,以前我没有伙伴,现在至少还有一个听众。正如茨维塔耶娃所说:"谁能够不带着激动或幸福说出自己的苦难呢?"①即便我什么都得不到,但所有人都欠我,这让我不脆弱。应该补充,人实际上并不渴望遭遇受害者的命运,但渴望得到受害者的地位。这个区别很大:总体上说,这里说的"受害者"并非因为受虐倾向,受害者根本不寻求遭受更大的痛苦,使他获此地位的痛苦通常在过去或别处,人们承担这种角色只是因为毗邻关系(那些帮助真正受害者的人常常从对受害者的同情中得到间接受益)。

受害者地位可以延伸到社会内部的群体或整个民族,可以保证他们追讨的特权,甚至保证免受处罚的特权。因为根据民主意识形态,所有人都应该有相同的权利(相同的尊严),认为自己在过去比他人享受更少权利的人可以在现在得到额外的

---

① 茨维塔耶娃(Tsvétaeva)等,《三人通信录》(*Correspondence à trois*),圣迭戈:Harcourt Brace Jovanovich 出版社,1985年,第172页。

补偿。南斯拉夫冲突中的塞尔维亚将宣传的重点放在其上：塞尔维亚人被当作曾经的受害者，有权要求补偿（实施征服）。

康德曾在《实用人类学》里提到感受"温柔的痛苦"这一可能性。他说："就像寡妇被遗弃在小康状况中，但她拒绝安慰。"①我们会觉得这个寡妇真在格林斯堡生活过，哲学家认识她。我们会发现这个情况的因素：首先，寡妇是富有的，她的生存没有真正受到威胁，在这个意义上，她并非真正的受害者，而只是扮演受害者的角色而已。她拒绝安慰，也就是说，拒绝她周围那些先生的致意：她对所处的受害者地位感到很舒服，所有人都感叹她是命运的受害者，其他人也都可以知道她的情况，连孤独的哲学家本人都曾听人说过，而一场新婚姻有可能使她找不到合适的认可，不再有抱怨的权利，那么为什么要用这样的位置去换取新婚姻的不确定性呢？

相比实现自己的愿望，心甘情愿的受害者更喜欢拥有提要求的可能性。阿德勒报告过一个选择跟母亲玩受害者角色的小女孩的情况。"母亲问她宵夜想喝点什么，咖啡或牛奶，小女孩停在门口，别人清楚地听见她低声咕哝说：'如果她说咖啡我就要牛奶，如果她说牛奶我就要咖啡！'"②

---

① 康德，《实用人类学》，第 105 页。
② 阿德勒，《理解人性》，第 204 页。

在此要补充,受害者的满足感只是部分来自他对自己的怜悯,另一部分来自他人必须意识到他的悲惨状况的事实。因此,小悲剧原则上包含三个角色:抱怨的受害者、愧疚者(没能给予预期认可)和倾听受害者苦衷并给予同情心的目击者兼评判者。第三个角色总是由亲近的人承担,如家庭成员、丈夫、妻子、孩子或父母。受害人向他们叙述不幸,他们与受害人一样陷入感同身受的困境。而外部世界的他人、同事或邻居扮演的是愧疚者的角色。家庭细胞可以让一个行动者同时承担证人和罪人的角色。母亲对儿子或丈夫对妻子说她/他是他/她痛苦的源头。把自己变成受害人也就是让他人有负罪感,如果见证者是唯一的他人,那这个帽子就要永远戴到他头上,这样他就受困于无法满足的双重要求,他既是痛苦的源头,又是痛苦的解药。"受害者游戏"被推向极端之后会导致自我和他人的毁灭。

角色轮换

我们现在可以想想:有没有办法找到摆脱舒缓药不良作用的认可呢? 如果有,那么是什么办法呢? 我认为有种办法比较常见,即便在实践中并非总是容易做到,即同时承认自己的社会性和他人的主体性,接受你作为我的同类和补充。我们也许可以用**角色轮换**来表达这样的方式,在词源上,角色轮换意味着我们必须等待自己的角色,可以从双重意思上去理解,一方面意味交替(轮换),另一方面意味角色分配。

　　每个人都会有轮到自己的时候:某些人从字面解释这个指示,因为每个人都向近旁的人要求认可,所以我们可以交替地相互提出这样的帮助(前面已经看到,交替能力从六个月的年龄起就成为我们的共同习惯)。我听你说,然后你听我说,如是继续。这种角色转换是最机械的形式,甚至具有讽刺性。可以在公园的沙堆里看到常见的一幕,年轻的妈妈(年轻的爸爸更少见)带着孩子堆城堡、堤坝和隧道:为了能讲述你孩子遇到的惊险的事,你就必须准备倾听邻居家孩子的故事(弗拉奥说,角色轮换意味一种剥夺,一种推延①)。她跟我说她的儿子从床上掉下来了,肿起一块包,孩子快哭了,晚上也不愿意吃肉。我耐心地听,因此也给予她向我要求的最小部分的认可来确认她的母亲角色。这样,我积累了信用值,等她闭嘴后,我马上就可以张开我的嘴:我的导入词不用"是啊",不评论刚刚听到的各种情节,投入我的角色讲述一个完全平行的事情:我的女儿昨天真是不可思议,她快把我急得发高烧啦,

---

　　① 弗拉奥(François Flahault),《面对面:面孔的历史》(*Face à face:Histoire de visages*),巴黎:Plon 出版社,1989 年,第 110 页。

等等。这样,女邻居就不得不听我述说。

在角色轮换的这个简单版本中,可以说有一种获利(因为有耐心,我作为家长的行动得到认可),但必须承认这种获利是最小的。选举期间不同政治团体进行谈判,可以给我们提供更复杂的例子,其中可以找到轮换。这次轮到我,下次轮到你。还有我们所说的相互退选,这是给团体而非个人的一种可能性:我在第一轮投票中退出,伙伴团体第二轮退出,但其间会加上磋商、谈判、妥协、寻求共识,这能够让两个党派都取得进展,因此更富有成效。

在稳定群体里,情况则不同,最常见的例子是男人和女人这对夫妻。除了通常的角色分配("角色轮换"的第二个意思),两人不需要简单轮换,因为他们在对幸福认可的基础上发现:你的需要产生我的认可,我对你也如此。你要求我认可你的存在,这本身就给我的存在带来了确认:我作为你的需要而存在,对你而言,我的认可要求不会激怒你,相反,我甚至给了你特殊地位,因为你是唯一可以给予我认可的人。对于两个伙伴,合作比各行其是的自私更有利。跟个人主义心理学支持者所确信的相反,主体的利益在于他人的存在之中,而不在于消灭他人的存在:让他人存在,我才确保我自己的存在。

任何对话的基础都有相互配合:我跟他人说话的同时证明了我的存在,也建立了他的存在。我们的话语有既断续又相似的特点,为了听他说话,我必须闭嘴,轮到他时,他也会这样做。这其中有一个所有人都掌握但从来没被认真思考过的复杂仪式。默契很容易被打破,有个阻断合约的形式令人惊奇:似乎只需要挑明合约,让两个主角意识到有合约,合约就马上不能承担之前的功能。实际上,挑明合约只是关系恶化的标志,而不是原因。私人领域欢迎合约,只要合约保持心照不宣,这不同于选举合约(公共生活跟私人生活的规则不同,边界也根据文化而不同)。如果需要用协商——关系破裂前的最后阶段——确定合约,需要将合约内容落于纸上,就是因为相互性机制已经受到阻碍;有事无法想到就说,无法相互包容宽恕,已经说明到这一步情况对夫妻是致命的。阻碍的原因,是我向伴侣提出要求所带给他的认可已经不一定是他想要的认可了。"你只是需要我的身体",他(或她)反驳说,"而不是我的精神",或者相反。更有甚者:"你把我当成孩子他妈,而不是独立的人。"仅仅知道任何请求同时也是付出是不够的;你需要的东西,别人也必须给你。

　　给每个人分配特定角色,是角色轮换的另一个意思。我们知道这样能够拓展孩子群体的空间:以前所有孩子同时要同样的玩具,因为得不到满足而生气,现在创造特定角色可以让所有人都满足:一个人在窗户探望,另一个人躲在门口,第三个人按警报。如果每人都有自己的角色,他的存在会被他饰演角色这一事实所认可。一个人的认可不妨碍另一个人的认可。

稳定甚或不可撤销的角色的分配,能解释许多关系是如何运作的:父母与孩子、老师与学生、雇主与雇员、偶像与崇拜者。在每种情形中,一个人被认可的被动需求能满足一个人去认可的主动需求,反之亦然。在每种情形中,满足也都只是部分的:演员不会跟他的角色混淆。他想同时饰演很多个角色,或者对一个角色感到厌倦而想要饰演另一个角色,或者他改变了,昨天让他饶有兴致的东西今天却让他恶心。

因此,角色轮换不是鸡尾酒,它让我们的认可需求适应构成人类社会的不同个人,但它本身也是部分和脆弱的。从相互性和分配的必要性出发,它好于任何舒缓认可失败的药剂,因为它更真实。可是,它不能实实在在地解决任何问题。角色轮换在每时每刻都必须重新开始,过去的对话不能填补当前对话的缺失,这是观察人一直并且孤独地存在于时间里的另一种方式。

第四章　人的结构

内在多样性

在描述认可过程,及其谈不上完美的各种实现方式时,我抽象化了复杂维度。当我和他人互动的时候,不止一种关系同时在联接:除了在场的交流,还有以往的交流,以及将来可能的交流。这个整体必然在渴望被认可的人的心里有反应,以前和以后的相遇,以及其他相遇,像条件式或疑问式一样被经历,指挥和改变着表面的行动。它们有关人的内在多样性:我们每个人身上总有种种迫切的要求。

但如何辨别它们,并且找出它们之间的关系呢? 自远古以来,了解人类灵魂的智者是这样区别的:人不仅是易变的,变化(历时)的,也是多样的(共时)。柏拉图、亚里士多德、斯多亚主义者区别了人的不同功能和层次。蒙田找出一种略显混乱的多样性:"人,整个的人或所有的人,只是碎片组合,五花八门。"①帕斯卡尔将身体和精神相对立,将心和理智相对立。拉罗什富科描述内心的独立人物上演的各种人间戏剧,比如自尊、骄傲、兴趣或激情。浪漫主义者着迷于双面形象、人和影子、化身博士(杰克尔博士和海德先生),着迷于梅尔维尔说的"灵魂的神秘元素","似乎不认可人的任何裁判权,人身上虽然有纯真,但都做着可怕的噩梦,咕哝着最受禁忌的想法"②。威廉·詹姆斯区分物质的我、社会的我、精神的我和纯粹的我。我们今天习惯谈论无意识和意识,或谈论弗洛伊德提出的我、物和超我的概念,一直主张主体间性的费尔贝恩在这个"拓比"(topique)中增加某些"客体"(也就是除我之外的主体):令人兴奋的客体、拒绝人的客体、理想客体。荣格说到自我和我、动物和动物性、人格和形象。

在自我认可的过程中,我们看到精神内部需求的多样性,正如博尔赫斯(曾引用分析印度哲学的保尔·杜森)所说,其中有数量无限增加的可能性,"因为如果我们的灵魂可以被识别,那就要增加第二个灵魂去认识第一个灵魂,第三个灵魂去

---

① 蒙田,《随笔集》,第 243 页。

② 梅尔维尔(Herman Melville),《皮埃尔》,纽约:合众国经典文学出版社(Literary Classics of the United States),1984 年,第 86 页。

认识第二个灵魂"。① 我们内心的对话,我们跟有血有肉的人对话,话里话外,情况也如此。塞缪尔·贝克特在他的短文《陪伴》中说明了另一向度的内心对话的复杂性。我们阅读的文本的产出者只有一个,但他自言自语。"一个声音传到了黑暗中的某个人身上"②:现在我是两个人,一边是一个声音,另一边是一个听到声音的人;但还有一个人,在他身上拢合了声音和听者,可以说是自我的两个流溢产物。所以有三个人。但还可以考虑一个"声音、听者和自我的发明者"③:现在四个。完了吗? 贝克特写道:"在同一片或者另一片黑暗中,另一个人想象出这一切来陪伴自己"④,他评论说:"为什么用*或者*? 为什么在同一片*或者*另一片黑暗里? 谁提出这样的问题? 谁问,谁又问谁问这样的问题?"⑤自我想象出一个声音和一个听者,发明者问这个问题:谁提出要这样的? 另一个人还会继续一环扣一环地问:谁问,谁又问谁问这样的问题? 是否应该把这第五位来者称为作家呢? 主体把自己变为客体,

---

① 博尔赫斯(Jorge Luis Borges),《探究别集》(*Other Inquisitions*),德克萨斯大学出版社,1964 年,第 18 页。

② 贝克特(Samuel Beckett),《陪伴》(*Company*),伦敦:J. Calder 出版社,1980 年,第 7 页。

③ 贝克特,《陪伴》,第 34 页。

④ 同上书,第 29 页。

⑤ 同上书,第 31—32 页。

其辨识或阐述的诉求在理论上可以无限回溯,即便实际上可辨性界限很快就可达到。

人类内心的每一个表征(还有无数其他相似的尝试)都位于特定视域,因此有了复数性。我们把自我与他人的互动作为出发点,必须进行我们自己的分析,把属于其他视域的种类搁在一边:在这里我们关注的是人的主体间性,而非意志或理智、行动能力或情感。我建议的种类不应该被理解成质疑以往理论,以往的每个理论在各自的方向都是中肯的,我的建议应该作为补充,并且不是一锤定音的:应该看作几乎未被开拓领域的地形概要图。的确,可怕的术语问题摆在面前,因为所有指称人类不同心理诉求的术语都已经被使用了,因此被不同的理论或哲学打上了印记。但没有哪家理论或哲学真正采用我们的视域。我将使用法语在这个意义上不常用到的术语**"自我"**,因此能够用来指称互动发生的地点。我用内阁成员打比方,区别任何时候相互介入的各种要求。内阁部长人数多,尽管人人之间有交叉,但各自都有特定职责。多样的职责和相互之间的交集和拉扯都被总理的统一决定所掩盖。在此,我的向导不是学者或哲学家,而是小说家:我首先从《追忆似水年华》的蒙舒凡章节中出现的人际交往出发,描述人的结构。

相遇蒙舒凡

我简短地说一下情节。叙述者在康布雷附近散步,探索"斯旺家那边"。有天晚上,他来到位于蒙舒凡的凡德伊的房屋前,作曲家已过世,剩下女儿住在房子里,她在招待女情人。叙述者躲在开着的窗户边,偷偷看她们,听她们对话。他看到的场景让他愈发想到性虐待:两个女孩嘲笑死去的父亲,女孩的女友还往遗像上吐口水。

场景是这样开始的:凡德伊小姐坐在房间的沙发上,这时,女友进来了。她马上往沙发的角落挪了一下,好给女友腾出位置。"可她立即觉得自己似乎给女友强加了一种态度,或许会引起女友的不快。"[①]凡德伊小姐预料女友的反应,或更应是想象女友的反应会暴露她自己比女友更敏感,于是她改变信号:重新舒服地坐在沙发上,掩盖所有外露的欲望,同时也给出另一个迹象,心思细腻的迹象,她不愿强加任何东西给她的女友。不久后,同样的情形重复了:凡德伊小姐试图关上百叶窗,说可能有人会看见她们。"但她也许猜想女友会以为

---

① 普鲁斯特(Marcel Proust),《追忆似水年华》,伦敦: Chatto & Windus 出版社,1981 年,第一册,第 175 页。

她说这些话只是为了故意让女友用自己想听到的话来回答，出于谨慎，她想让女友先开口。"①动词"猜想"，正如之前用的"感觉"，是指对反应的预期。预期女友对自己欲望的看法，而自己的欲望又跟"谨慎"串谋，所以，预期就更加细腻。因此，凡德伊小姐补充一句话，用于减弱第一句话，她明确地说："看见我们读书。"在此，我们看到人的第一面，可以认为是反省的自我，更确切地说，是由预见及预期他人对我的行动的反应所构成的自我的一部分。

我们刚才看到，反省的自我并非独自出现，它很快跟凡德伊小姐内心的要求起冲突，即她对女友感到的欲望（在我的术语里，这欲望更应属于"活着"，而非"存在"）。凡德伊小姐也用最简单的方式猜测女友的反应，以获取欲望自我所要求的东西（对他人反应的预料能服务于不同主人）。比如，当女友转身背对父亲遗像时，"凡德伊小姐明白，如果不让女友注意到遗像，女友就看不见遗像了"②，所以她说话漫不经心，效果很快就达到了。可是必须再做一件事：侮辱遗像。她通过挑衅，轻易达到目的："哦，你不敢"③，她反驳女友。这样，侮辱遗像这件事很快就完成了。

---

① 普鲁斯特，《追忆似水年华》，第一册，第 176 页。
② 同上书，第 177 页。
③ 同上书，第 178 页。

自我的一个新方面表现在两个朋友继续玩她们熟悉的片段:凡德伊小姐按照自己猜想她在女友心中的形象做出行为举止,她说出的句子是女友料想能听到的:两人投入"仪式性侮辱",反驳也是仪式性的。她说的话,她曾经听女友说过[1],因此,在这里又一次看到凡德伊小姐的反省自我,但,这一次是她的内省方面,也就是说,她想的是别人对她的想法。

情景发生在蒙舒凡,主要张力却在别处:不在于两个朋友的关系中(她们之间有默契),也不在于反省自我充分考虑的周围环境,而在于另一个内部冲突。我们看到,当"谨慎"对立"欲望"时,凡德伊小姐"坏"的表面和"好"的本性之间起了冲突。叙述者说,她的心底每时每刻都有一个害羞的处女在哭求一个粗暴的士兵往后退[2];"惯常的羞涩"跟"朦胧的放纵"[3]作斗争。我们现在对这两个新人物稍做区分。

首先是"士兵"。凡德伊小姐渴望她的情人,可是不止这些:为了能够"完全实现她的愿望",她认为有必要添加"深思熟虑的句子"[4]。欲望自我决定通过不道德的表面自我,联合另一个请求:凡德伊小姐故意饰演庸俗和施虐的角色,给自己

① 普鲁斯特,《追忆似水年华》,第一册,第 177 页。
② 同上书,第 176 页。
③ 同上书,第 176 页。
④ 同上书,第 176 页。

戴上面具,她在演戏,因此努力"寻找她想成为的邪恶女孩所特有的语言"。采用"她努力同化的痞子所用的特别卑鄙的形式,口蜜腹剑的形式"。① 欲望自我寻求快感、表面自我,以及与之搭配的邪恶。但为什么搭配呢?

叙述者使用的词汇已经告诉我们了。感官愉悦和道德邪恶在凡德伊小姐看来不可分割,她认为,得到愉悦必须经由邪恶。不是因为邪恶产生快感(她不是真正的施虐狂),而是因为她认为快感就是邪恶,所以认为邪恶必然是快感。"感官愉悦"对她来说是"某种邪恶的东西,坏蛋的特权"。"并非邪恶让她想到愉悦,让她觉得开心,而是快感让她觉得邪恶。[……]通过把快感当作恶,她最终在快感中找到某种魔鬼般的东西。"②这样她就必须假装成坏人来品尝恶,为进入"快感的非人世界",她必须把自己装进"坏人的皮肤里"。③

这个破坏性的等式是谁的错呢?是我们所说的公共道德,它源自基督教,要求愉悦成为狡诈的作品。普鲁斯特告诉我们当前冲突的遥远源头,让规矩和破坏规矩生动地展现出来。我们很容易想象,如果压在愉悦之上的社会禁忌被取消,凡德伊小姐就不再有假装坏人的任何需要。之所以让朋友在

---

① 普鲁斯特,《追忆似水年华》,第一册,第 176、177—178 页。
② 同上书,第 179—180 页。
③ 同上书,第 179 页。

父亲的遗像上吐口水，不是因为亵渎死者能够给她带来愉悦，而是因为她觉得自己必须从属于坏人等级。属于坏人、残酷的人和亵渎者的等级才有权享受愉悦。这样的道德不仅存在于凡德伊小姐的外部世界，而且变成了她内心世界的一个人物：不可触及的主人是否屑于给她赞同，以及认可。

　　这个泛化的他人，即公共舆论，并非此时的唯一介入；它还和存在的另一个要求相结合，跟来自幼年和遗传的基础结合，构成早期自我。这是叙述者所谓的"坦诚和善良的品质"。[1] 实际上，叙述者非常小心地警告我们，凡德伊小姐投入亵渎行为，但保存着道德的基础，她的谨慎小心，源头就来自于此。她有"本能的慷慨"和"非自愿的礼数"[2]：早期自我，不关乎意识到的或习得的举动，其本身就已经习惯关注和体贴他人。一切都证实凡德伊小姐"真实的道德品质"，她"本质的善良"，她"与生俱来的道德"。[3] 我们现在面对冲突的配角，带有"审慎之心"的羞涩处女[4]。

　　个人元素和公共元素结合的新方式最终构成早期自我，这是凡德伊小姐的特点。主要因为在她的童年，自我从模仿

---

①　普鲁斯特，《追忆似水年华》，第一册，第 177 页。
②　同上书，第 176 页。
③　同上书，第 178、179 页。
④　同上书，第 175 页。

和传承中产生。叙述者实际上乐意凸显凡德伊小姐和她父亲的相似之处,在几页篇幅之前阐述(在此重新唤起)的一个场景可以看到,凡德伊的父亲为了不被人以为他不谦逊,于是抹去自己的钢琴乐谱,同时把别人的目光吸引到他的举动上,就像女儿后来挪开画像,并让女友注意到这个看来很随意的动作。通过两个场景,我们可以观察到另一种互动,父女之间的互动。早前的场景影响当前的交流,凡德伊小姐跟她的父亲一样天性谨慎,甚至卑躬屈膝。她保留了父亲的友善举动和思维特点。"她想跟父亲不同的时候,反而让我想到老钢琴教师思考和说话的方式。"①甚至从外貌上看,令人惊讶的是"她脸像爸爸,蓝眼睛像奶奶,由爸爸像传家宝一样传给了她"。②

凡德伊小姐身上就是冲突的场所,谁胜出呢?往肖像上吐口水之后,年轻女人把百叶窗关了起来,叙述者什么也看不到了。但他知道,欲望胜出了。可是他不确信"粗暴的士兵"总能战胜"处女"。叙述者甚至想到相反的情况:表面自我只在"一瞬间"占了上风,剩下时间里,他在手段多样的处女面前且战且退。凡德伊小姐的总体自我,即所有这些冲突发生的环境,应该发现快乐没有如期而至。凡德伊小姐使用坏女孩

<hr>

① 普鲁斯特,《追忆似水年华》,第一册,第 179 页。
② 同上书,第 179 页。

的语言也是徒劳，"她以为真诚的语句从嘴里说出来似乎都是错的"。① 总体自我不被表面自我欺骗，当表面自我侮辱父亲时，另一个心理要求从凡德伊小姐的内心升起，并进行报复。因为作曲家的女儿拒绝一切自私的快乐，"幻想逃脱谨慎和温柔的灵魂"在这样的人身上只有"一瞬间"，"她不可能成功"②。叙述者很长时间之后又回过头说："只是假装使坏的这一想法破坏了她的快乐。"③所以，在凡德伊小姐身上有一个内化的认可主人，正是它拒绝给予同意。我们还可以从中窥见原因：在她身上，内化的欲望客体被矛盾撕裂，她明知这个客体是坏的却还想要。因此，表面自我的计谋很快就被打败了。

普鲁斯特展示的蒙舒凡这一幕，像施虐的示范表演，堪称街头戏剧：因为只有在街头戏剧里才"能看到一个女孩和她的女友朝曾经只为了自己而活着的父亲的遗像上吐口水"。④但普鲁斯特在反思的时候发现，这番施虐并非完全真实，因而不必责备，无论怎样它也比不上普通的"坏"（而且常见得多），即我们在我们造成的痛苦面前无动于衷。正是凡德伊小姐假装的邪恶和残酷让普鲁斯特有了这种判断。我们看到凡德伊

---

① 普鲁斯特，《追忆似水年华》，第一册，第 176 页。
② 同上书，第 179 页。
③ 普鲁斯特，《追忆似水年华》，第三册，第 264 页。
④ 普鲁斯特，《追忆似水年华》，第一册，第 178 页。

小姐在恶中没有很快找到快乐,她更应该是"恶的艺术家",因为她的人和行为被一个距离分隔,她的行为像作品。故意使坏的时候,证明善的想法并没有在她的灵魂里缺席:必须有神圣的情感才能犯亵渎神灵的罪,必须要有信仰才能够亵渎信仰。"热爱父亲甚至是女儿亵渎父亲的条件。"[1]因此,叙述者最后认为,如果凡德伊先生能看到这一场景,他肯定有充分理由确认"女儿的善心"。[2] 要不要跟随普鲁斯特,这让人犹豫不决,道德和公正的细微变动把判断的所有重量都压向行动者的动机及其内在经验,而非行为本身。人们会觉得,比暴力让普鲁斯特更不舒服的是一个人的粗鲁。不可否认,无论人类交际的哪个场景,自我的不同需求都在起作用。普鲁斯特知道如何观察和重现为数众多的交际场景,让我们发现人和人之间交往的无穷复杂性。

最小团队

我们现在用稍加系统的方式重新看看分析的结果。

分离自我和他人,内和外的薄膜并非是绝缘的。他人不

---

[1] 普鲁斯特,《追忆似水年华》,第三册,第 263 页。
[2] 普鲁斯特,《追忆似水年华》,第一册,第 178 页。

是突然出现在我们身边:我们在极幼小的年龄时将他人内化,他人形象开始成为我们的一部分。在这个意义上,诗人很有道理:我是一个他人。每个人的内在复数性都是周边人的复数性关联,是周边每个人承担角色的多样性,这就是人类的区别性特征。同时,这些形象当然根本不是周边人的忠实复制品,一旦诞生,这些形象就投射到外部,投射到原型或其他人,因此在第二阶段决定我们对外部世界的感知。自我是他人的产物,又产出他人,这个观察并不意味人类主体永远不能进入哲学家说的自主。权力和道德可以确定每个主体的界限,以便建立主体的责任,而心理学模糊且混淆了责任。

周围的他人对我们的内在复数性负责,这一想法进入经典心理分析,是通过"审查"(比如在梦里)概念:这个人物往往是无意识的,来自父母的要求和禁令,判断人的另一部分并与之斗争。1923 年,弗洛伊德给这个人物取了名字,加强了这个人物的自主性,名曰"超我":它成为我们内在生活的三伙伴之一,明确地说,它源自我们跟他人的互动。因为克莱因,外在"客体"和内在要求之间的关系才成为专家的兴趣中心。她写道,"内在世界由内化的客体构成,取自客体不同的方面和情感"。[①]注入和投射这两个术语现在用来指称外部和内部之间不停且

---

① 克莱因(Melanie Klein),"论身份",《克莱因文集》,伦敦:Hogarth 出版社,第三册,第 141 页。

重复的来往。克莱因也观察到最初内化的"客体"可以只是部分的：不是整个人，而是身体的一部分。这样的观察跟我们今天知道的儿童思维演变非常吻合：婴儿两个月的时候，我们可以观察到最初的内化，在九个月时，记忆加强，能牢固建立他人的身份，在两个时间点之间，孩子实际可以内化他人身体的一些部分（乳房、眼睛、手），也内化他自己身体的一部分，而不一定把这些部分聚拢在一个人身上。从部分到整体的过渡只是渐进的，在镜子里发现自己的影像能够帮助这个过程。

当我们谈论人的内在复数性时，最容易想到的比喻是戏剧：我们的人就像一个舞台，人类戏剧在我们身上上演。拉罗什富科早已这样说过，但如何辨认人物呢？父母显然是他们最初习惯的源泉，但要赞同克莱因过于苛刻的说法，我还是很犹豫的，她将这些内化的人物称作母亲和父亲，甚至也用在成年人身上。从对普鲁斯特的分析出发，我应该建议，我们的内心戏剧总是由至少三个人物来推动，我称之为：自我，认可主人，欲望客体。为什么是这三个而非其他呢？我目前能够给出的唯一答案是，因为这样的假设拥有某种主体间性的真实，并且能够考虑到无数特殊的场景，也就是无数的描述。必须马上补充的是，这些角色中的每一个正如克莱因早期发现的，可以一分为二，好和坏、正和负。说实话，区分辨别这两极，突出原因是为了方便：所有过渡，所有组合都是可能的。好和坏的二元对立不需要在人类心理中被物化(在此没有必要听从克莱因的善恶二元论,她提出从原初就有二元对立:爱和恨、生命本能和死亡本能),它仅仅只是为了指称我们内在要求的价值而必须使用的类型。

另一方面,根据提问题的方式,每个要求都能用双重视角描述:要求从何而来? 或,要求有什么用? 我们先从自我的角色开始,自我是如何构建的? 它是我们感知的结果:感知我们自己、我们的身体和我们的行为,尤其是我们感知到的自己在他人眼中的形象。拉康说"在自我情感中,主体把自己认同为他人的形象"[1],他还是有道理的,但我们可以犹豫要不要听从他,因为他居然把形象阐释为异化:说真的,欲望主体和目光中的自我没有必然的切割,原因正是没有他人,主体就不存在,原初的"隔绝"或"遗弃"也不存在。没有统称意义上的目光,就不可能有人类欲望。

自我形象在我们的生存过程中重新形成,但各个组成部分并不同价。在此,正如普鲁斯特建议的,我们应该区分早期自我和反省自我,二者并不完全像过去和现在那般对立,而像过去和现在那般脱节,我们对过去没有任何影响,正如语法学

---

[1]　拉康(Jacques Lacan),《拉康文集》,纽约:Norton 出版社,1977 年,第181 页。

家说的愈过去时态。另一方面,如同跟当前时刻保持连续的时间,二者能够位于过去,当我要预期他人的反应时,它们也可以位于最近的将来。因此,反省自我有时通过回顾,有时通过预想,但总是关于我们感知自己在他人眼中的形象。

如果说弗洛伊德思想有不可争议的成果,那就是早期自我:在弗洛伊德之前,只有几位作者意识到成人的当前举止由童年经验的程度决定。弗洛伊德之后,即便那些不认为自己在做心理分析(而是做"深层心理学")的人也承认这样的揭示。我们关切的是:现场交际发生的时候,个人根据他在最初交往中的形象来行事,这个形象在他生命露出晨光的时刻已然固定下来,因为那是自我有可塑性的生命阶段。这个阶段始于人诞生于世,第一次与他人相遇,随着强度的增长而继续,之后又减弱,直到精确固化的艰难时刻:成年阶段。自我根据周围人的需求得以塑造。早期自我一旦形成,会变得牢固,再要改变将十分困难。

关于早期自我,没必要重复心理分析学的名著,但我们可以把它们放进我们的视域里。我们为俄狄浦斯假想留出什么样的位置呢? 很明确,对同性家长的模仿和竞争可以更吸引异性家长,就好像同类人的敌对关系可以加入对异类的好奇感。正统心理分析试图思虑这个事实,谈及同一"情结"的积极和消极形式,以及各种中间形式。可是,很难看清参照希腊神话能够带来什么东西:我们又回到认为孩子跟父母的关系对孩子起关键作用的总体想法。另一方面,在跟父母的关系当中只看到欲望和规则的冲突,则过分冲淡家庭结构所起的特定作用。而且,孩子的排行、跟兄弟姐妹的复杂情感及敌对关系,对他性格形成的影响并非不如跟父母的关系。最后,其他人(奶妈、老师、朋友和敌人)能够在很早的时候就干预交流。早期自我因此是一个微型场景,上演我们童年的各种敌对角色,而每一个角色又能被再次细分。

　　承认早期自我在成年人行为举止中的重要作用,并不意味有一种排他的决定论。正统心理分析认为,一切都在童年决定下来了,修正主义心理分析家认为,社会环境是最重要的。我们没有理由在这两者中做出选择,他们双方都有部分的道理。我们的行为是过去和现在多种因素造成的结果,但必须补充,我们的行为说明我们在实践自由,因此保存了不可化约的秘密。

　　跟早期自我不同,反省自我并非不可捉摸:它随时间而改变,我们能够对它起作用,因为我们感知的我们在他人眼中的形象,在自我意识里跟我们感知自己的形象进行对话,而这种对话可以从完全的吻合走到纯粹简单的矛盾。在第一种情况里,我对自己的形象被整个放进了我得自周围人的我的形象。在第二种情况里,我强烈反对这样的倾向,肯定地说他人弄错了。他们说:您现在已被安置好了。扮演受害者的人带着火气反驳道:"您犯了一个粗俗的错误,我从来没有感觉这么糟,千万别以为跟您没有一点关系,您是造成我不幸的罪魁祸首。"

在研究互文性时,巴赫金对回顾与预期的差异特别敏感。除了《追忆似水年华》,我们再找一个文学例子。当安东在经理面前做出愤怒举动时,他有双重理由,既因为经理认为他卑贱,也因为他认为自己卑贱。更常见的是,为了迎合他人的期待,我们用这种或那种方式改变自己的行为,有些时候我们预料别人反对,就很快采取争论的语调。给他人描述场景之前,我脑子里上演过场景,描述之时我已经在考虑曾经想象过的这个他人的反应。预期反省自我跟回顾自我相比,更考虑情形,更加准确:预期反省自我依赖在场对话者的具体身份,而不是过去的所有对话者的模糊均值。跟回顾自我一样,预期反省自我也不能用真相来衡量:预期反省自我根据事实而非事实描述来改变我的当前举止,不是因为准确猜到对话者的真实反应。

所以,这就是自我的主体间性的源头,我们现在转向它在内心舞台上能够承担的角色。我们在此应该做出三个区别:积极的自我、否定的自我和理想的自我。理想的自我就是我们的英雄的形象:我们想跟英雄相像,却发现理想和现实不同。至于好的自我和坏的自我之间的对立，其扎根于我们跟他人的关系。我们向他人提出的认可要求是不间断的，因此认可要求必然是沮丧的。然而，认可要求所遭遇的戏剧场景，每个人的经历方式都不同，谁都能轻松看出，被积极自我主导的人懂得"用好的一面对待生活"，那些消极自我占首要地位的人则确信自己是平庸和邪恶的。

在儿童时代，情况已然如此：人还小时，根据他能否成功面对生存的重要时刻大体上能够感觉开心或失望，比如其他孩子的到来，父母的分离，以及父母之一长久的消失。对这个过程的抽象认识，最有善意和最有时间的父母都不能提前决定必须给予孩子多少关注：狭窄的小路隔断被忽略的孩子的沮丧以及被宠爱的孩子的沮丧。很难知道哪一种在他的成年时期产生了最坏的作用。被忽略的孩子有可能缺乏自信，躲避在受害者角色里；受宠的孩子即便最初最有保障，也会担心无法在将来得到他人同样的关注，他将选择用骄傲和拒绝作为保护壳来反对他人，这样，他将来会不适应共同的生活。因此，积极的自我跟消极的自我一样，也会产生坏的作用。

安东认为他所有的不幸都来自童年，为什么他现在一事无成呢？所有的错都归咎于父母：他总是被父母拒绝和推斥，他的灵魂瘫痪了，而他本人没有责任。所以，从童年开始，他从来没有完全摆脱这个状况。[1] 我们可以看到,让父母负罪的做法此时成为一种药(舒缓药),它不能阻挡早期自我不停地回到安东身上,但结果并不总是可以预见的:即便成年时再过一次童年,也不意味着重复童年,往往是为了补偿童年缺失的东西。莫瑞兹有一次在建立他人关注和自我存在关系时说:"在安东的童年里,他的个人存在太少。这就是为什么除了自己的命运,不管谁的命运都那么吸引他。"[2]最初状况不能让人推断当前状况,反之亦然:他人若可能受拒,便吸引了安东。

安东从来没有力量质疑他从他人那里接收到的自我形象。如果这个形象是积极的,一切都好:他会让自己名副其实。得到被尊重的感觉在他身上加强了自身价值感,让他成为另外一个人[3],不幸的是,大多数时间里事情朝着相反的方向发展。我们看到,他的父母并不爱他,给了他最初的打击,他从此一蹶不振。之后,他又成为接二连三的同一种倒霉事的受害者:为了做出更好的行动,他需要自信心,可为了得到这种自信心,他必须得到他人(或一个他人)的欣赏。然而,这种欣赏怎样才能得到呢? 得不到欣赏,他就无法做好。自信

---

① 莫瑞兹,《安东·莱泽尔》,第 331 页。
② 同上书,第 373 页。
③ 同上书,第 286 页。

心是安东从童年起就缺乏的品质。为了被爱,他必须让自己觉得可爱。只有在伙伴表现出善意的时候,他的自信心才能被唤醒,只有这个时候他才能让自己可爱。①

父母的爱、尊重和关心能带来的最初保障,安东都没有。他没有办法在早期自我里汲取自信心元素。他能够在反省自我里找到自信心元素吗?但愿如此,因为自我欣赏是道德的基础,其源头只能是他人对他的欣赏。② 他的善行是好的形象的结果,而非原因。相反,如果大家不认识他,他就对自己失去所有兴趣:安东不再对他的身体感兴趣是始于没人乐意注意他。③ 当他一想到他人对他有不好的观点,就马上要进行确认。他成为强大的消极自我的猎物,成为反自我的猎物,被完全摧毁。经理对安东的行为是由安东的害怕和不信任的态度所决定的。安东的态度似乎流露出低微的灵魂,明确地说,经理并没有想到这样一种害怕和不信任的态度正是他本人最初面对安东的行为举止的结果。④ 因此,他人对安东说的话就获得一种魔力:他们创造出他们肯定的东西,给人感觉是真实的,可实际上只是有效用的。再一次,这些是"说服性

---

① 莫瑞兹,《安东·莱泽尔》,第 121 页。
② 同上书,第 208 页。
③ 同上书,第 179 页。
④ 同上书,第 172 页。

定义"，再一次，我们发现人际之间和人的内心的延续性。拉罗什富科观察到同样的关系，但意思相反："人的自信心能够最大程度地产生人对他人的信心。"①如果从相反的方向说，他人对我不信任，我就对自己不信任，因此我也对他人不信任！

嘉里在自传《黎明的诺言》里曾经小心翼翼地指出早期自我对当前行为的作用。他没有忘记"儿童时期感受到的沮丧会留下不可磨灭的深深烙印，并且永远不能被补救"②，但他的叙述更应该集中在相反情况，即过于积极的早期自我：在儿童时期得到了很多东西，在之后的生命可以表现成一种失望。"那么年轻，那么早就被爱，这样不好，这会给你带来坏习惯。以为爱已经到来，以为爱存在于别处，能重新被找到。相信这一点。观望、期待、等候。生活用母爱在黎明时向你许下了无法兑现的承诺。"③的确，有一些"严重状况"：嘉里是独子，没有父亲，当时也没有情人。然而"母亲最好去爱别的某个人。如果母亲有情人，我就不会在每一个喷泉旁口渴要死地度日"。④

---

① 拉罗什富科，《箴言集》，第 157 页。
② 嘉里，《黎明的诺言》(*Promise at Dawn*)，纽约：Harper 出版社，1961年，第 115 页。
③ 嘉里，《黎明的诺言》，第 25、26 页。
④ 同上书，第 26 页。

嘉里一生从未停止感受母亲落在他脸上的"欣喜万分的目光"。[①] 他的力量和弱点肯定归咎于他早期自我的特点,他奇迹般地躲过了战争的危险,积累了文学与社会的荣誉,爱上他想要的所有女人,但他总是提前逃跑,变得越来越焦虑:母亲的目光消失,留下无法填补的巨大空虚,所有成就在这样的力量旁边都显得苍白。"我逐渐长大,童年沮丧和模糊向往没有消除,随我的成长与日俱增,慢慢变成了一种需要,无论女人还是艺术,都不足以平息。"[②]这样的解释无法确定是否足以说明嘉里的精神状况(他写下这些句子是 1960 年,自杀是1980 年),但他在这里描述的东西肯定能够运用到很多人身上。

在内心戏的舞台上,自我(复数的自我)碰到其他人物。这些人物不出自于他们如何看待我们的猜想,而出自于他们留给我们的直接形象。每个人物都可以来自各种原型。我们现在很快看看来路,因为源头都是一样的:幼年的愈过去时,社会交往的未完成过去时和最近将来时。但关于认可的主人,积极或消极裁判我们行为(斯密称之为"立场公正和信息灵通的观众")这个内心评判者,必须明确这一点:在儿童时期,我们不仅

① 嘉里,《黎明的诺言》,第 130 页。
② 同上书,第 9 页。

汲取父母的指令和榜样力量,也吸纳社群特有的社会标准。社会标准在以往的交流过程中被内化,交流者不一定是可以辨认面貌的个人,实际上是一个共识,是风俗、事实、科学发现、法律、俗语、固定思维产生的必然如此;它没有特定的制订者,人将其存储在记忆深处,尚不知将来怎样使用它。

社会标准跟我有关,我不是作为个人,而是作为族群的成员。它们不只是道德的,还是美学的:比如,年轻女孩认为必须保持身材苗条,所以尽量少进食(这跟所有的社会刻板说辞都有干系),但也有一些情况,所有内化价值都跟特殊经验相关,甚至具有人的特征:一位老师、一位家长、一个亲人,或相反,一个偶遇的陌生人。我的标准可以不跟群体标准吻合。嘉里认为母亲在他身上特别起到他称之为"内在证人"[1]的角色,母亲对他的道德要求负有责任。

认可的主人采取善意或恶意的行动,于是我们把形象一分为二,分成施恩者和迫害者。克莱因让大家注意他们。"我们保留着嵌在精神里的深爱的人,"她观察到,"在某些困难时刻,我们可以感觉被他们指引方向,我们会自问,他们是否同意我们的行动。"[2]有了这些人物,我们可以更好地理解之前

---

① 嘉里,《夜将宁静》(*La nuit sera calme*),巴黎:伽利玛出版社,1976 年,第 27 页。

② 克莱因,《文集》,第一册,第 338 页。

描述的一些行为。积极版本里的认可主人解释了相符性认可：我不需要他人明示赞同，因为知道我符合共同标准，所以问心无愧。认可主人既是积极的，又是个人的，能让人理解骄傲：即便处于周围常用标准的对立面，我仍然奖赏自己。另一方面，我们知道这个迫害者（认可的坏主人）有多么残酷，它每每向我们提出更难满足的苛刻要求，剥夺了我们的所有快乐；它往往是造成我们所说的受虐行为的罪魁祸首。这个无情的敌人嘲笑我们手中做的每件事情，毒害我们所有的乐趣。我们先前看到，就是这个敌人让凡德伊小姐不可能享受愉悦。

　　最后，第三个主要人物是欲望的内化客体（我得提醒，"存在"和"生存"都具有主体间性）。辨别它并不意味必须相应假设欲望主体（或我），照拉康的说法，欲望主体永远是跟社会自我切割开的：二者之间没法保持连续性，这正是为什么"想象"不是纯粹的诱饵或异化的原因。这个景象跟以往一样，靠我们先前或最近的经验、个人经验或跟社群其他成员分享的经验来丰富，也切割成好客体和坏客体。内在的好客体，为我们保证有益效用，既利于幸福的爱情关系，也利于自我的某种独立，利于为个人的善举负责：每个人都从这种被认为慷慨的态度中获益。坏的内在客体，费尔贝恩称之为"破坏者"①，必然

---

① 费尔贝恩，《客体关系论》，第 147 页。

① 费尔贝恩，《客体关系论》，第 147 页。

是无意识形象，因为是内在矛盾，所以更难描述：我们被某种客体吸引的同时，内心又隐秘地害怕并拒绝这个客体（也许因为缺乏认可主人）。欲望的坏客体让欲望不可能实现，造成朝向他人和朝向自我的巨大侵犯性，并且伴随特别巨大的痛苦。认可主人的否决更容易被理性化，也因此容易被驯化，毕竟有某种道德的特征，但爱和欲求不可能，因为欲望客体实际上是坏的，爱的客体与摧毁的客体相吻合是荒谬的，被视为存在的不可能性（类似之前看到的拒绝和否定之间的差异）。

当敌人（或消极人物）压过主角（或积极人物），精神疾病就不远了。当消极自我附属于认可的坏主人时，通往迫害狂和妄想狂的大门就打开了：仇恨他人，不管真实或想象，都会产生对自我的仇恨，后果总是毁灭性的。任何行动我都不可能完成，在内化的他人目光面前，我感受的羞愧折磨着我，我无能为力，"意识瘫痪"①。如果我不认为自己可爱，又怎样让人爱我？如果别人已经不爱我了，如果确信自己肯定失败，那怎样才能成功？就这样，人给自己创造一个真正的监狱，可能永远出不来。主体的消极行动因他人的消极反应而增强，而他人反应又因主体行动而增强，如此下去，无限循环。成年人的"自卑情结"往往只是消极的反省自我，坏的欲望客体不是

---

① 莫瑞兹，《安东·莱泽尔》，第 188 页。

侵犯自我,而是侵犯我们内在的人物,更有甚者,能引发抑郁,可导致摧毁他人或摧毁自我(自杀)。

内在人物的这些消极作用也可以在集体层面感受。某些少数族裔最难摆脱这种连锁反应:人们认为他们暴力,他们就成为暴力的人。他们的贫穷特征在他人身上产生了蔑视,蔑视又摧毁了他们的自信心,接着,他们又谴责少数族裔有成员自甘堕落或寻求暴力作为舒缓药。谢尔比·斯蒂尔(shelby steele)在分析美国种族问题时指出,内在破坏者和黑人少数族裔的反自我,其侵犯性在很大程度上要为黑人今天的复杂处境负责。

人类内心舞台的复杂性并非到此为止。荣格发现,除了内化的他人形象,个人也产出呈现给他人的形象:这是朝向大众的面具,表面的自我,人格面具(persona)某种意义上是他人形象(imago)的相反:不再是我接收的形象,而是我产出的形象;不再是他人的内在化,而是自我的外在化,但它们同时又是混合产物,是"个人和社会妥协的构成"。① 我选择让自己看起来可爱,或让人头疼,或搞怪,或忧伤,这样做我就故意选择了一个角色,我知道如何不成为"我",或者不是全部的自我。这个角色也可以完全被现行规范所决定(社会因循守旧

---

① 荣格,《分析心理学二论》,第 246 页。

的结果）。通过虚伪、谎言、做作，我得到某种认可，但也知道，这种认可也会弄巧成拙，这就是所谓的装模作样。不过，日常生活中的发明、创造和蛊惑往往会变成戏剧和艺术品。在他人旁边，我对他人反应的预期可以影响我对角色的选择，我可以只把吸引他人作为目标，尽力表现成自己想象的人，让他人喜爱我，欣赏我（从矫揉造作到以假乱真的过渡是很轻松的）。但这个角色也可以完全独立，旨在制造特殊效果：干扰他人、让人惊奇、威胁他人。社会背景在此扮演很重要的角色（压迫性社会显然有利于虚伪滋长）。

很重要的一点要注意，表面自我比别的自我更难以避免：人类互动永远只动用人的一部分，哪怕扮演一个角色，我也只选择凸显我偏爱的某些特点。我们的职业和公共身份必然是表面自我，因为如此，当荣格在个体身上只看到唯一的人格面具时，我们就不再跟随他了。相反，我们根据融入环境的不同而展示多个面具：公众和私人，友情和爱情，孩子和父母（因为我们往往既是孩子又是父母）。同样，要想摆脱面具的虚假包装是徒劳的[1]：我们的自我无法脱离我们与他人的关系，无法脱离我们从他人目光里读到的要求，就像拉康意义上的"主体"若没有"自我"，真就不可想象了。相比人格面具，表面自

---

① 荣格，《分析心理学二论》，第 174 页。

我更应是一种姿态，一种面部表情：二者必居其一。

最后，在舞台上表演的这些人物中，我们还需要加入另一个人物，这就是舞台本身，交际进行的场所。因此，这是一个整体自我，在某种意义上又是一种控制塔，在某时某地，某人必须掂量赞同和反对，每个解决方案的优劣，做出决定。这就是威廉·詹姆斯说的"所有其他自我的自我"，[1]他将其描述成对所有冲突元素的仲裁要求："我意识到总有一个游戏，考虑进退收放，顺应还是抑制倾向。"[2]有时必须屈从于认可主人的要求，有时必须满足欲望自我的要求，有时要遵从早期自我的指令而不知为何，还有时，尽管不情愿，也违背道德，却一直成为反省自我的囚徒，甚至成为故意构造的表面自我的囚徒(拉罗什富科很好地描述过某些内在冲突)。整体自我不直接介入这场时为战斗时为和解的讨论，整体自我更应是一种合力，处于更高的水平：做出难以识透的盘算之后，要求我们在确定了优先项和分布着特殊项的不同选项中做出选择。

团队这样考虑最简约，正如我们看到的(除了整体自我)，每一个成员能够再次被划分。不能理顺的是，本身具有多样性的每个人碰到了跟他一样复杂的他人：你包含着我的同样

---

① 詹姆斯，《心理学原理》，第 285 页。
② 同上书，第 286 页。

的要求。我们每天都碰到那么多你，我们都得重新调试我们的社会接触装置，或至少重新改编。因此，我们身上有一种差别细微却十分复杂的机制，"自动"将我们导向每一个特定的交流。小说家没有忽略这些，威廉的兄弟亨利·詹姆斯钟爱这样的句子："他知道我真的不能够帮助他，而我知道他知道我不能这样做。"还有："哦，我知道的，请帮助我感受你知道我想要感受的情感吧！"①这就是存在的日常，我们生活在持久的商讨之中，人和人之间的交道要求召唤自我的不同要求及合作。我们最后强调一次，要求都是主体间性的，也就是说，要求都产自与他人的互动，没有任何一个要求来自我们个人的深处。不是说我们的这种方面或那种方面是社会性的，而是说，人的整个存在是社会性的。

---

① 亨利·詹姆斯，引自托多罗夫《散文的诗学》，伊萨卡：康奈尔大学出版社，1977 年，第 88 页。

第五章　共存和成就

自我成就

　　我们要求的他人认可，形式多样，无处不在。但认可是让我们产生存在感的唯一途径吗？我们以干得很棒的工作为例，显然，工作做得好能带来额外认可：社会欣赏我，因为我是好专家；同事尊重我；门徒蜂拥而至。因此，我薪水丰厚，金钱可以让我得到其他满足，即便某些状况改变，认可仍然维持：我可以在家工作，为自己工作，远离所有目光，把自己分成客体—生产者和主体—评价者。换句话说，我能用自我奖惩在内心庆贺我做得好的工作。还有另一种满足：不在于别人和我的评判，不在于任何认可，不在于任何共存，而在于完成这项工作的动作本身，不需把我分作两部分，也不需任何中介。

只需在每个动作里在场,人就有自己的**成就感**,感受自己的存在。

用以区别自我成就、认可,以及孤独的标志是中介的在场或缺位:认可必然经过他人做中介,哪怕他人是匿名的、非人的或内在的。成就立竿见影,省去认可过程这本身就包含自我奖赏,从中感觉自己活在真实当中,有时,我们称之为"本真"。但像奥斯卡·王尔德在现代神殿的门槛上刻着"成为自己",这个要求过于从属自我奖惩,因为把眼前动作当作了理想自我,某些心理学家说的"自我实现"也是如此。成就不需认何比较,它是纯粹的在场,因此它像美,正如莫瑞兹在献给美学的作品中定义:"美,其本身那么完善,以至于它存在的目的,所有目的,都在于它本身。"①参与成就的每一个动作也是如此,但人并不因此离开"生存"而去"活着":虽然成就不由跟他人的关系来决定,但对于动物世界成就比认可更陌生;成就预设人的社会属性,即使成就不使用人的社会属性。

完成某些动作,或采取某些态度,给我们带来的自我成就感不能跟我们所说的"人格"发展相混淆,人格发展意味向外的开放,极其丰富的交流,甚至是一种快乐的形式。成就可以

---

① 莫瑞兹,《论美学和诗学》(*Schriften zur Aesthetik und Poetik*),图宾根:Niemeyer 出版社,1962 年,第 69 页。

导致快乐,但不排除孤独和沉默,作用是纯粹内在的。

马丁·布伯建议,按照我们是否遇见周围其他主体把人类行动的世界分作两个圆:我—你、我—物。共存是我—你构成的圆。成就是我—物的最高点,在这个圆中,要区分消极面和积极面,成就的最常见形式也许就是面对美的时候我们感受的形式(因为美也是成就):我在我身上找不到快乐的源头,假设美有创造者,我在美的创造者的存在中也找不到快乐的源头。美在我之外,是非人的,让我内心充满愉悦,加强我的存在感。当我沉浸于自然之美时,我会倾向把自己当作我的感官:我被声音、景色、触觉、气味充实,我跟周围环境深深融为一体而成就自己。

艺术之美隐含更加复杂的感知,因为它不仅激起各种感觉,也激起这个意义:艺术为人类经验带来的意义。在这点上,艺术类似智力或精神层面的经验。当我阅读喜欢的书,哲学家或智者、诗人或小说家的书,我会感觉进入一种能成就自我的关系,通过接触,我带着强大的思想或一幅不可枯竭的画面进入这个关系:我的存在看来完全扩展了,能感受跟宗教体验一样的情感:宗教体验是社群舒缓药或令人安心的幻想,弗洛伊德如是认为,也是向自然和超自然的未知世界敞开,是让个人存在和整个宇宙进行共感的可能性。

在思考所带来的高度愉悦中,还必须加上有关人和世界的积极关系的行动,无论体力还是脑力,把工作做好而得到的成就感即属于这个行动。创作一件艺术作品,烹制一道菜,在海边垒沙堡,都一样能说明这种成就感。而且,造出客体完全不是必要的,只要做到我最好的水平,最简单的体力付出都能让我感受到自己的成就。体育成就如同做得好的工作,显然受到多种权限的管辖,还可以给我带来荣耀和财富。它可以被实现,而唯一的目的是证明自己能够跳得比别人更高,自己有能力划桨横渡大洋,但完美的举动,或通过完美的举动做到以前不可能做到的事情,都给我带来快乐。我也可因为我的智力成就感,或解决数学问题的能力感到快乐,而不需寻求这个行动之外的赞赏:我的快乐是非常规的,并且限于眼前时刻。

科学艺术的创造,可看作给这些行动的加冕,因为它综合了两个方面,既阐释世界,又创造前所未有的客体。科学从属于我一物的领域,这不仅在物理科学是真实的,其中学者毕竟是唯一的人类主体,而且在社会科学也是真实的,其中客体由其他主体构成。作为客体的研究对象排除在对话之外,但可以接着作为读者或批评家参与对话。对于艺术品也如此:艺术家在创作时是一个人,即便在创作之前和之后,他都跟同代人进行过交流。

成就的所有形式都有这个相悖的特点:在其中忘我,完成后又丰富了自我。当我做一项工作只是为了乐趣,我就不想到我了。当我欣赏作品，或要感同身受，后退几步，跟作品拉开距离，每一次我都证实了我的存在。但是，成倍增加的自我并不会通过隐蔽形式让人确认个体的隔绝，个体只是偶然跟社会网络隔绝，个体主义心理学的各种传统都认同这一点。成就不对立于共存，不像孤独对立于合群，而像中介的缺位或在场，因为认可可以在骄傲的孤独中寻找，成就也可以在他人的陪伴下经历。我一你世界跟我一物世界一样，都有恶劣形式和高尚形式。工作中的自负与异化，跟从容的共感与成就一样常见。从内在上，这两个世界的一个并不高于另一个，无人可以省去其中一个，人是人和同类维持的关系造就的，同时，人也能够独自介入这个世界，人是双重的，而非单个的。

狭窄的道路

仅仅在一个实验当中，多种机制已开始动摇。我们看到，爱属于生活和存在，属于身体和精神，索取和付出，认可和共感。最普通的行为也是如此。我阅读喜欢的书，在温暖的家听着音乐阅读，多么幸福！认可的许多形式已经从安逸的感觉中出来了。我对我给予自己的这幅画面感到满意：自我奖惩在运作。如果有人走进房间，他可以欣赏我，或嫉妒我：我要品尝与众不同的快乐，阅读一位优秀作家的作品，想到自己从属于他的欣赏者的俱乐部,我也感到欣慰,感到受宠。但这些在社会学意义上可以预见的快乐只是最肤浅的。我感到另一种快乐更有持续性:我阅读的作者能够用词语来表达我以前只能意会却无法言传的我的思想、我的情感、我的感受。从这点看,作家拓展我的精神世界,给予我的精神世界更多的意义和美。我将自己投射到小说的人物上,这样,一个新的生活加入了我的生活,我感到更加丰富,更加坚强,更加智慧。我也可以在阅读中品尝快乐,而不经由任何中介,甚至不要自己的判断:投入这样的活动也可以很快给我成就的感觉,所以也给我存在的感觉。不用说,阅读于我是习惯,所以是重复:这也是我生存里的一种坚持方式。

经验的复杂性并不能抹去区别经验成分的必要性,只有多种机制的交互能够明晰这一切。这个复杂性本身迫使我们从心理活动的描述中分出思考共同生活时我们最容易想到的类型:孤独与合群,自私与利他。

社会生活不属于一种选择:我们总是社会的。俄罗斯人巴赫金和美国人米德几乎在同一时期指出,我们永远不能看到自己身体的全部,这体现我们的构成性缺陷。我们需要他人来建立自我意识,也就是为了存在。在另一个层次上有隔绝生活和族群生活之间的选择,这选择在我们对待世界的态度中并没有揭示什么本质,更应该说揭示了安静和静默的倾向，或相反，聚众狂欢的倾向。生活方式的孤独并不意味着我们可以不需要他人，也不意味着我们对他人不感兴趣：所有的孤独之前都有一个形成时期，在此期间，正是跟他人的关系领导了自我，而自我又影响了当前的生活。在孤独中，人不停跟相似的人交流，只是选择了某些交流方式而不管别的交流方式，距离遥远的相遇或间接的相遇能够在强度上补偿相遇的频率或容易性。

卢梭断言社会生活定义人类的使命，又说相比他人陪伴，他更喜欢孤独，他并没有自相矛盾：独自一人并非就更缺乏社会性，因为他思考，他提问，他写字。因他喜好独自思考，他人就断言说他有不爱人类的情怀，他有理由感到气愤（狄德罗笔下的一个人物恶狠狠地说，只有坏人才一人独处①）。尽管独处时感觉更幸福，人仍可以在人群中独处，可以在相似的隔绝中进行深刻的共感。卢梭宣称："我们最温柔的存在是相对的、集体的，真实自我并非完全在我们身上，若没有他人帮助，就永远不能够享受自我，这就是生活中的人的构成。"②波德莱尔也超越相互对立的术语："多样和孤独：这两个词对积极和多产的诗人来说是相同的，并且可以互相转换，谁不知道让

---

① 狄德罗，《私生子》(*Fils Naturel*)，《狄德罗全集》，巴黎：Hermann 出版社，1980 年，第十册，第 63 页。

② 卢梭，《对话录》，第 118 页。

孤独多样化的人能在忙碌的人群中保持孤独。"①孤独的散步者甚至比喜好人群的人更容易抵达"普世共感"。或者应该说,普世共感不依赖于情景,而依赖于内在禀赋。

更好地理解人类存在,不仅对于存在本身有用,而且还影响社会确定其发展目标。根据社会学隐含的某些概念,存在的目的一方面是个人发展、自我实现,另一方面是社会的进步,即便进步意味个人要牺牲某些利益,但是这两种人类理想都来自于同一个人类的概念,即把人跟社会对立,人在社会必须做出选择:要么是个人,要么是社会。可我们总是要回到这一点,没有先决构成的自我,自我不像经过遗产传递而获得的财物,可以把资金分给他人并挥霍殆尽,或把资金小心隐藏在后院慢慢享用。自我只存在于跟他人的关系中,也只因为跟他人的关系而存在,加强社会交往就意味着加强自我,存在的目的不应该是其中一个或者另外一个,不应该是更多自我或更多社会,而是用圣-埃克絮佩里的话来说,"人类关系在奇迹时刻的某种品质"。②

智慧的理论不再宣扬快乐最大化的享乐主义原则,或尽量

---

① 波德莱尔(Charles Baudelaire),《人群》(*Crowds*),纽约:New Directions 出版社,1947 年,第 20 页。

② 圣-埃克絮佩里(Antoine de Saint-Exupery),"致人质的信",《战争时代手稿》(*Wartime Writings*),圣迭戈:Harcourt Brace Jovanovich 出版社,1986 年,第 97 页。

获得最大快乐的实用主义理想,这不是因为其中一个或另一个不道德,而是因为它们不能让人了解真正的人类经验。享乐主义原则和实用主义理想以匿名成见和明目张胆的方式继续弥漫在我们的社会生活,为当前的政治计划指引方向。如果国家的政治力量的最终目标仅仅只是达到最大程度的消费和生产,而从不考虑这对人际关系的作用,觉醒就可能太突兀。因此,人无法遮蔽本质。意识到人类欲望的目的不是快乐,而是人和人之间的关系,可以让我们向似乎无法满足某些标准的状况妥协,也可以让我们为持久全面地改善社会生活而行动。

人类存在不受隔绝的威胁,因为隔绝是不可能的。人类存在被某些贫化和异化的交流形式威胁,威胁还来自对人类存在的个人主义演示,让我们像经历悲剧一样经历人类状况:我们原初的缺陷和我们对他人的需要。这些演示不是现实的消极反应,但决定我们的价值观,因而对现实产生作用。就是这些演示使那么多人,比如唐璜,觉得跟他人的关系仿佛锁链或让人瘫痪的网。邦雅曼·贡斯当一生都与此悖论作斗争:既然观察到个人对社会的极度依赖,那又如何保护个人的政治自主呢? 他在日记里写道:"人类真是奇怪,永远都不能独立。"[1]然

---

[1]　贡斯当(Benjamin Constant),《贡斯当全集》,巴黎:伽利玛出版社,1979 年,第 394 页。

而，依赖不让人异化，社会性不是诅咒人的，而是解放人的；必须摆脱个人主义幻觉。没有跟他人的关系，就没有充实；安慰、认可、合作、模仿、竞争、与他人共感可以在幸福中经历。

人的社会行为是道德得以建立的场所，将道德选择描述和心理机制描述分开显得尤为重要。对于认识特定的人的存在，最大伤害莫过于只用道德术语进行感知，比如"自负"或者"渴望荣耀"。在道德上辩解人之初的自私，不能让我们更往前走一步，不应该在社会性里看到一种需要栽培的品质，或者一种需要根除的瑕疵。不应该化约为慷慨或者自负，每个人都有存在的权利，为了达到目标，他请求他人的目光：这种请求根本无可指责，它不属于任何选择，从定义上超越道德。活在社会里不是"超越我们的倾向"（康德对我们的道德行为的要求），这不是说自私和利他不存在或是一回事，而是说区分它们一点都不影响我们的社会性。从道德的角度看，利他行为值得青睐，但也不能说它就不考虑任何利益（趋利和不趋利，这是另一对术语，其描述价值在心理学上靠近零），这点正如我们在谈到奉献时看到的，或者不能说利他随后产生一个没有瑕疵的善。心理学不应该代替道德，而以前所说的正相反。只有新道德才能够弥补坍塌的旧道德。合作团结的态度在道德上比其反面更受人欢迎，从另一方面，个人自主是一种价值，但人的社会性，再说一次，根本没有对立面。

试图将共存和成就的区别带向道德对立,也将是徒劳的:因为它们的区别不能化约为合群和孤独的区别,而且我们也不会像众多古今道德家要求的那样,认为散居就是瑕疵,自足或集中就是道德。得自成就的存在感根本不比得自认可的存在感更道德,只是更加平和,因为存在本身不能用善恶来衡量,而用幸福和不幸衡量。

既然有名的道德态度,比如慷慨或奉献,在态度本身就找到了奖赏,是否可以说,我们不应该认为它们比它们的相反面更道德呢?这将又一次混淆两种完全不同的视角,个人心理学视角和共同利益视角。从心理学角度看,对于主体而言,自私和慷慨的确不像利益有无那般对立,不像为自我着想和为他人着想那般对立,而更应该像选择既得物质利益对立于选择间接却为本质的心理利益。如果我完全将他人工具化,如果我将他人化约为能立刻提供快乐的人,我甚至会因此失去他能给我的无穷的、更高级别的赠予。从政治角度看,自私令人遗憾,利他或自我牺牲令人乐见。

因此,道德行为的心理学分析根本提取不出价值,反而增加道德的吸引力。另外,心理学分析能给道德理想的表述施加某种影响。我们看到,认可主人可以让行为举止像残酷暴君,严厉程度甚于修道士用纪律惩罚自己。而且,严厉要求总是不断更新,所以永远阻止了幸福。既然观察到这一点,是否要冲向另一个极端,提前断言人所做的一切都是好的,人必须放弃理想和道德的所有修养努力吗? 这还是贫乏的选项,还是排除第三方法则的粗暴应用。在妥协的现实主义和压迫的理想主义之间,仍然敞开着一条日常道德的道路,日常道德离我们的能力根本不远。因为在本质上,道德就是为别人着想,所以我们最大的需要也如此。道德并不强迫我们跟本性作斗争,这点跟基督主义和康德传授的相反。为他人着想根本不意味失去自己,把这点看得更清楚既有利于共同利益,又有利于个人幸福。

即便这个观察看似歌颂共同的生活,但我们必须意识到压在共同的生活之上的威胁。我们看到,卢梭在西方第一个发现人类的构成社会性,也没有忽视这些威胁。他说,没有他人就没有幸福,"我不认为什么都不需要的人能够去爱,我不认为什么都不爱的人能够幸福"①,人幸福是因为爱,没有他人,爱就不完整。如果我们的幸福只依赖他人,他人就拥有了破坏幸福的潜在工具。"生活的动荡产自我们的需要,更产自我们的爱"②,身体和物质的需要毕竟很容易满足,即便世界上的大部分人还无法得到这个满足。爱构建了

---

① 卢梭,《爱弥儿》,第 221 页。
② 同上书,第 443 页。

生活的本质,而爱又依赖他人。"人的依恋越增加,痛苦就越增加"①,首先,增加依恋是加强存在感,但因此依赖他人就会承担巨大的风险,因为"我们所爱的一切迟早会逃离我们,可我们固执不放手,以为这些爱是永恒的存在"。②

这就是人类状况的特有矛盾:我们的意识和欲望居于永恒的现在,朝向无限运动,我们的存在只有时间上的有限拓展,"我们的欲望很广阔,我们的力量几乎全无。"③没有爱,就没有幸福,而爱是会死的:情人的爱会消退或变淡,随着孩子逐渐成年,父母和孩子的爱也会改变。

社会活在时间里,它的所有平衡必然是不牢固的。不应该期望冲突会消失,但愿冲突可以不用暴力而得以解决。至于个人,他们不能随心所欲,更不能指挥别人的欲望。然而,欲望是变动的,人的梦想是绝对的。嘉里笔下的两个人物在黑暗中进行这场对话:"——阿琳娜。——怎么了? ——大家都害怕什么? ——害怕这持续不了。"④轮流认可的不稳定平衡刚露出苗头就被打断,自我成就刚被达到,就立即要求我们重踏征途。一条十分狭窄的道路通向幸福,而幸福隔开两边

---

① 卢梭,《爱弥儿》,第 444 页。
② 同上书,第 444 页。
③ 同上书,第 165 页。
④ 嘉里,《所罗门王》,第 265—266 页。

令人眩晕的深渊,我们永远不能确定是否走在正确的道路上。那怎么办呢?像斯多亚主义提倡的那样,把自己关进骄傲的孤独来避免将来的失望吗?像圣奥古斯丁建议的那样,脱离凡间财物,而只爱唯一的无限存在——上帝吗?或者,像卢梭鼓励我们的那样,接受现状,而不期望永恒的生命和不死的灵魂,不依靠社群、后裔或作品这些不朽的替代来抚慰自己的生存?共同的生活永远不保证什么,在最好的情况下,共同的生活只保证一种脆弱的幸福。

"轻与重"文丛（已出）

图书在版编目(CIP)数据

　　共同的生活/(法)托多罗夫著;林泉喜译.
--上海:华东师范大学出版社,2017.1
　("轻与重"文丛)
　ISBN 978 - 7 - 5675 - 5620 - 1

　Ⅰ.①共… 　Ⅱ.①托… ②林… 　Ⅲ.①心理哲学
人类学—研究 　Ⅳ.①B038

中国版本图书馆 CIP 数据核字(2016)第 198509 号

华东师范大学出版社六点分社
企划人　倪为国

轻与重文丛

共同的生活

主　　编　姜丹丹　何乏笔
著　　者　(法)茨维坦·托多罗夫
译　　者　林泉喜
责任编辑　高建红
封面设计　姚　荣

出版发行　华东师范大学出版社
社　　址　上海市中山北路 3663 号　邮编　200062
网　　址　www.ecnupress.com.cn
电　　话　021 - 60821666　行政传真　021 - 62572105
客服电话　021 - 62865537
门市(邮购)电话　021 - 62869887
地　　址　上海市中山北路 3663 号华东师范大学校内先锋路口
网　　店　http://hdsdcbs.tmall.com
印 刷 者　上海中华商务联合印刷有限公司
开　　本　787×1092　1/32
印　　张　6.25
字　　数　92 千字
版　　次　2017 年 1 月第 1 版
印　　次　2017 年 1 月第 1 次
书　　号　ISBN 978 - 7 - 5675 - 5620 - 1/B · 1038
定　　价　38.00 元

出 版 人　王　焰

(如发现本版图书有印订质量问题,请寄回本社客服中心调换或电话 021 - 62865537 联系)